Karl Wilhelm Wellert

Fragen Sie die Runen!

Psychologische Hilfe für Alltag und Persönlichkeitsentwicklung

Ariston Verlag · Genf/München

Die Deutsche Bibliothek – CIP-Einheitsaufnahme

WELLERT, KARL WILHELM:
Fragen Sie die Runen! : Psychologische Hilfe
für Alltag und Persönlichkeitsentwicklung /
Karl Wilhelm Wellert. – Erstaufl. – Genf ;
München : Ariston Verlag, 1995
ISBN 3-7205-1853-1

Die Runen gestaltete
Marion Rennemann
Dipl.-Designerin, Osnabrück

Gestaltung des Einbandes:
Atelier Höpfner-Thoma, GraphicDesign BDG, München,
unter Verwendung der Motive von Marion Rennemann

Gesamtherstellung: Ebner Ulm

Erstauflage März 1995
Printed in Germany 1995

ISBN 3-7205-1853-1

Inhalt

I

Verborgene Schätze: Entdecken Sie mit Hilfe der Runen, was alles in Ihnen steckt

Der erste Schritt:
Lernen Sie die Kräfte der
Runen kennen

»Zu wachsen begann ich
und wohl zu gedeihn,
weise ward ich da;
Wort mich von Wort
zu Wort führte,
Werk mich von Werk
zu Werk führte.«

Aus der *Edda*, zitiert nach R. Blum

Die Mehrheit der Menschen lebt so dahin, ohne sich darüber im klaren zu sein, welche riesigen Möglichkeiten in ihnen schlummern. Sie ahnen nicht einmal, zu welchen Leistungen sie fähig wä-

ren, würden sie sich nur aufraffen, es einmal zu
versuchen. Sie schlagen sich statt dessen mehr
schlecht als recht durchs Leben und wissen weder,
was sie wollen, noch wer sie sind und schon gar
nicht, zu was sie noch alles fähig wären.

Während meiner Arbeit als Therapeut in einer
privaten Suchtklinik habe ich in den letzten Jahren
Hunderte solcher Menschen kennengelernt, die
trotz eines angesehenen Berufes oder eines hohen
sozialen Status mit ihrem Leben nicht zurechtka-
men und als eine Folge davon irgendwelchen
Suchtmitteln verfallen waren. Aber nicht nur in
der Klinik unter den Kranken, sondern auch im
beruflichen Alltag unter erfolgreichen Managern,
Ärzten, Rechtsanwälten und Politikern begegnete
ich in meiner Eigenschaft als Managementtrainer
Menschen, die ihr Leben nicht mehr im Griff hatten. Selbst im Privatbereich, unter Freunden, Bekannten und Nachbarn, grassierte das gleiche
Symptom. Die meisten von ihnen waren mehr
oder weniger mit sich selbst und mit ihrer Lebens-
situation unzufrieden.

Aber es gibt auch eine ganze Reihe von Menschen, die anders denken, die aktiv nach neuen
Wegen suchen. Sie streben ein konkretes Ziel an,
wollen wissen, wer sie sind, was wirklich in ihnen
steckt, und was sich daraus noch alles entwickeln
läßt.

Da Sie diese Zeilen lesen, dürften Sie zu jenem

letztgenannten Personenkreis gehören. Und Sie sind fündig geworden. Sie halten ein Buch in Händen, das Ihnen dabei behilflich sein kann, diesen neuen Weg erfolgreich zu beschreiten, das Ihnen als Wegweiser auf einer spannenden Reise in die Tiefen Ihrer Persönlichkeit dienen kann. Soviel darf ich Ihnen hier schon versprechen: Sie werden in Ihrem Innern einen Schatz von nie geahnter Größe vorfinden, wenn Sie bereit sind, auf dem Weg dorthin jene Hindernisse beiseite zu räumen, die Sie daran hindern, sich zu entfalten.

Es ist ein bißchen so wie in den Abenteuerfilmen von *Indiana Jones*, in denen die Heldin und der Held hinter jeder Ecke auf neue Überraschungen stoßen. Da führt ein Gang scheinbar ins Leere, und eine Wand wölbt sich empor, wo eigentlich eine Tür sein sollte. Doch nach hartnäckigem Suchen finden sie meistens den verborgenen Griff, der eine Öffnung in der Wand freigibt.

Ihnen wird es in diesem Buch ähnlich ergehen. Sie werden auf Hindernisse stoßen, die zunächst unüberwindlich erscheinen. Aber wenn Sie geduldig sind, warten können und ein kleines bißchen Disziplin aufbringen, werden Sie den geheimen Knopf finden, der die nächste Tür zum Schatz öffnet.

Außerdem sind Sie auf dieser spannenden und unterhaltsamen, wenn auch manchmal etwas anstrengenden Reise nicht allein. Sie haben zwei Begleiter: mich als Autor, der mit Ihnen einige schwierige Passagen dieser Schatzsuche bewältigen wird, und dann noch Ihre »psychologische Hausapotheke«, die Runen. Was das genau ist und wie dieses zusätzliche Hilfsmittel funktioniert, werden Sie in den folgenden Kapiteln noch erfahren. Hier soll es zunächst einmal genügen, darauf hinzuweisen, daß Ihnen Hilfe zuteil wird. Aber, wie ich schon sagte: Hinter jeder Wegbiegung wartet eine Überraschung auf Sie.

Indem Sie diese Zeilen lesen, haben Sie einen ganz wichtigen ersten Schritt in eine neue Richtung getan. Sie waren auf der Suche nach neuen Orientierungen und sind nun fündig geworden. Sie haben zwar den Weg der Runen entdeckt, müssen sich jedoch noch etwas gedulden, denn jetzt geht es darum, diese Runen näher kennenzulernen und sich in ihrem Gebrauch zu üben, damit Sie mit ihrer Hilfe die Schatzsuche weiter vorantreiben können. Dabei spielt es zunächst einmal keine Rolle, ob Sie in Sachen Runen noch zu den Anfängern oder Einsteigern gehören oder ob Sie sich zu den Fortgeschrittenen zählen, die schon einige Vorkenntnisse mitbringen. In diesem Buch finden beide neue Denkansätze.

Für Sie als Neuling enthält *Fragen Sie die Runen!* alles, was Sie über diese Materie wissen müssen. Es bietet Ihnen über die Entstehungsgeschichte des Runenlegens ebenso Informationen wie über verschiedene Anwendungstechniken. Das Buch ist so gegliedert, daß Sie sich *schrittweise* mit dem Gebrauch der Runen vertraut machen können.

Jedes vernünftige Wachstum vollzieht sich schrittweise. Kein Lebewesen kommt fertig zur Welt, alle entwickeln sich von einem einfachen Anfangsstadium zu einem komplexen Endzustand. Das können wir in der Natur überall beobachten. Auch persönliches Wachstum geht in kleinen Schritten vonstatten, vom Einfachen zum Komplexen. Das gilt auch für den Aufbau dieses Buches. Im ersten Teil finden Sie sowohl Anleitungen für die Herstellung von einfachen Runen als auch Hinweise für erste kleine Versuche mit deren Handhabung.

Auch für die Fortgeschrittenen unter Ihnen ist etwas dabei. Sie werden mit einer ganz anderen Art der Runeninterpretation bekanntgemacht, die sich von den üblichen traditionellen Auslegungen unterscheidet.

Während sich die meisten Runenbücher überwiegend mit dem Orakelaspekt der Runen, dem Vorhersagen der Zukunft, befassen und das Thema persönliches Wachstum nur am Rande berühren, beschäftigt sich *Fragen Sie die Runen* hauptsächlich mit dieser Seite des Runenlegens. Der Schwerpunkt des Buches widmet sich den Möglichkeiten, mit Hilfe der Runen eine Selbstveränderung herbeizuführen, um das riesige Po-

tential zu erschließen, das sich in Ihrem Innern
verbirgt.

Die Runen sollen Ihnen helfen, sich selbst und
andere in einem neuen Licht, in einer anderen Per-
spektive zu sehen. Sie sollen dazu beitragen, daß
Sie Ihre Entscheidungen neu überdenken und
eventuell zu ganz anderen Lösungen finden, als sie
Ihnen bisher vorschwebten. Die Runen, wie sie
hier verstanden werden, fungieren als *ein Instrument der Selbstveränderung, der Orientierung in
allen Lebenslagen.* Sie sind der Wegweiser in einer
immer komplizierter werdenden Welt. Sie können
Sie darin unterstützen, sich selbst neu zu entdek-
ken und Ihren eigenen, ganz individuellen Weg zu
finden, mit dem Sie Ihr zukünftiges Leben völlig
verschieden vom bisherigen meistern werden.
Hier geht es nicht um eine esoterische Runenlehre
oder einen neuen Versuch, Runen auf irgendeine
Weise okkult, religiös oder sonst irgendwie zu
verwenden, sondern um *einen* Weg, Runenlegen
für jede und jeden als Hilfe im Alltagsleben zu
praktizieren. Wer sich mit Runen auf andere
Weise beschäftigen möchte und sich für magische
oder mystische oder divinatorische Aspekte des
Runenlegens interessiert, der findet dazu im drit-
ten Teil des Buches, im Abschnitt »Runen als ma-
gisches Mysterium«, einige weiterführende Hinweise.

Die angesprochene »Schatzsuche« ist eine Me-

tapher, ein Bild für das Dasein an sich. Denken Sie
bitte daran, wenn in Ihrem Leben Probleme auf-
tauchen: Hinter der nächsten Ecke wartet schon
wieder eine Überraschung. Lassen Sie sich von
den Schwierigkeiten, die das Leben für Sie bereit-
hält, nicht von Ihrem Weg ablenken. Suchen Sie
einfach weiter nach dem verborgenen Schlüssel,
der die nächste Tür öffnet und Sie wieder einen
großen Schritt weiterbringt.

Das größte Geheimnis aber, was die Runen zu
bieten haben, liegt in der Möglichkeit der Weiterentwicklung, des persönlichen Wachstums begründet. Sich weiterzuentwickeln und zu wachsen
– das ist der tiefere Sinn der Beschäftigung mit den
Runen. Das ist auch das Leitmotiv dieses Buches.
Egal, wo Sie im Moment stehen, die Beschäftigung
mit den Runen wird Sie verändern, Sie werden
durch die Runen wachsen, und Sie werden sich
weiterentwickeln.

Was man mit Runen alles
machen kann

Die meisten Menschen haben überhaupt keine
Ahnung, was sich mit Runen alles anfangen läßt.
Oft wissen sie noch nicht einmal, was Runen
überhaupt sind. Einige wissen, daß Runen alte,
germanische Zeichen sind, die irgend etwas zu be-

deuten haben; andere wiederum, daß Runen vor
langer Zeit von unseren Altvordern als Orakel zur
Vorhersage der Zukunft benutzt wurden. Die
meisten halten sie für Hokuspokus, nehmen sie
weder zur Kenntnis noch sind sie imstande, sich
vorzustellen, daß Runen ihr ganzes Leben verändern, ihnen helfen könnten, ihre kleinen und großen Alltagsprobleme zu lösen, ja sogar ihr Selbstbewußtsein, ihre Persönlichkeit zum Wachsen zu
bringen; sie dabei unterstützen, sich weiterzuentwickeln und erfolgreicher als bisher zu sein, und
zwar auf allen Ebenen ihres Lebens – wenn . . . ja
wenn sie sich überhaupt mit ihnen auseinandersetzen würden.

Dabei ist es gar nicht so schwer, mit Runen in
Kontakt zu kommen, sogar im wahrsten Sinne des
Wortes »über sie zu stolpern«. Man muß nur einmal mit offenen Augen durch die Welt gehen, um
erstaunt festzustellen, daß Runen überall um uns
herum sind, ohne daß wir es bewußt wahrnehmen.

Wenn Sie das nächstemal eine gefährliche
Kurve durchfahren, so achten Sie auf das Verkehrszeichen, das Sie zuvor auf diese Kurve hin-
gewiesen hat: Es handelt sich um *Kano*, die Rune
der Öffnung.

Oder Sie stehen vor einer Kreuzung und dürfen nur noch geradeausfahren: Dies haben Sie *Teiwaz*, der Rune des geistigen Kriegers, zu verdanken.

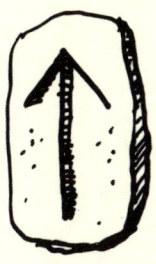

Auch wenn Sie diese Zeilen lesen, sind Sie mit Runen verbunden. Das Wort »Buchstabe« geht etymologisch auf sie zurück. Es bedeutete ursprünglich »Runenzeichen«. Denn bei den ersten Runen handelte es sich um in Buchenstäbe geritzte, geheimnisvolle Symbole, deren Bedeutung nur den weisen Frauen oder den Priestern bekannt war und welche die Kunst der Runeninterpretation von Generation zu Generation mündlich überlieferten.

Indem Sie diese Zeilen lesen, nehmen Sie auf zweifache Weise Kontakt zu den Runen auf. Auf der einen Seite interessieren Sie sich für das Thema, weil Sie dieses Buch lesen, und auf der anderen Seite sind Runen im Alphabet enthalten. Der Buchstabe »P« ähnelt der Rune *Wunjo*, der Rune der Freude. Der Buchstabe »B« ähnelt der Rune *Berkana*, der Rune des Wachstums. Der Buchstabe »H« der Rune *Hagalaz*, der Rune des Hagels, der Zerstörung. Andere Buchstaben enthalten noch Teile von Runenzeichen; so ist zum Beispiel *Kano* ein Teil des Buchstaben »K«.

 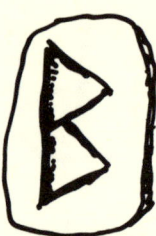 

Zu allen Zeiten waren es besondere Menschen, die diese Zeichen zu lesen, also zu deuten verstanden. Sie gehörten entweder einer Oberschicht an oder waren Angehörige der Priesterschaft. Erst die Erfindung des Buchdrucks mit beweglichen Lettern demokratisierte sozusagen das geheime Wissen und machte es allen zugänglich. Heute können Sie in einen Buchladen gehen und zu jedem x-beliebigen Thema ein Buch kaufen und sich dieses Wissen zugänglich machen. Alles, was Sie dazu brauchen, ist die Bereitschaft, Fragen zu stellen und in den Büchern nach Antworten zu suchen.

Vor knapp zwei Jahrtausenden aber war es einigen wenigen, besonders Begabten vorbehalten, dieses Wissen zu nutzen. Der magische, kultische Charakter der Runen zog auch später immer wieder die Menschen in ihren Bann, und nicht immer geschah dies, um anderen Gutes widerfahren zu lassen.

Daß Runen heute von vielen mit Vorbehalten betrachtet werden, hat nicht zuletzt auch damit zu tun, daß sie von den Nationalsozialisten als Symbole mißbraucht wurden. Das Hakenkreuz geht auf die Rune der Abwehr, *Eihwaz,* zurück. *Sowelu,* die Rune der Ganzheit, verkam zum Zeichen einer Eliteeinheit, der SS, die Angst und Schrecken verbreitete.

In den sechziger Jahren dieses Jahrhunderts erlangte eine Rune weltweite Bekanntheit, allerdings ohne daß die Leute wußten, daß das Zeichen

der Friedensbewegung aus längst vergangener
Zeit stammte. Es war die umgekehrte Rune
Algiz, die Rune des Schutzes.

Daß Runen heute wieder eine Renaissance erleben, die über die Beschäftigung einiger Speziali-
sten mit ihnen hinausgeht, verdanken wir in erster Linie einem zunächst in den USA wiederer-
wachten Bedürfnis, sich alten Methoden und
natürlichen, also ungefährlichen Möglichkeiten
der Bewußtseinserweiterung (ohne Drogen) zu
widmen. Andere Gruppierungen, die sich mit
Runenlegen und Runenforschung nach dem
Zweiten Weltkrieg befaßten, blieben auf kleine
Runengilden oder Forscherkreise ohne große
Breitenwirkung beschränkt. Erst der amerikanische Anthropologe RALPH BLUM sorgte mit seinem Büchlein *Runen* auch bei uns für eine Rück-
besinnung auf diese alten Symbole, die einen
größeren Anhängerkreis, vornehmlich unter jüngeren Menschen, anzog. Blum interpretierte die
Runen sowohl als Orakel als auch als Instrument
der Selbstveränderung. Das Buch entwickelte

sich zu einem heimlichen Bestseller mit bislang über fünf Neuauflagen.

Das verwundert nicht, denn heutzutage, in einer Zeit ständig zunehmender Bedrohungen – der Arbeitslosigkeit, Gewalt, Sinnlosigkeit und wachsender Durchdringung aller Lebensbereiche durch Kommerzialisierung und Konsum –, nimmt das Bedürfnis der Menschen nach dem Gegenteil all dieser Gefahren zu. Wer Angst um seinen Arbeitsplatz hat, möchte Arbeit. Wer Gewalt erlebt oder sich vor ihr fürchtet, wünscht sich Frieden herbei. Wer das Leben als sinnlos erlebt, möchte wieder einen Sinn in seinem Leben erfahren. Wer erlebt, daß nur noch Kaufen und Verkaufen zählen, wenn man dazugehören will, der möchte wissen, wozu das alles dient, wohin das führen kann und vor allem, wie man das ändern kann. Kein Wunder, daß in einer solchen Zeit Runen wieder an Bedeutung gewinnen, denn sie waren zu allen Zeiten *Wegweiser durch die Gefahren des Lebens.* Sie galten als Signale der Götter, mit denen diese den Menschen den Weg auf Erden wiesen. Runen erfüllen den Wunsch des Menschen nach Orientierung, nach Ordnung und Ruhe. Runen als Orakel, als Vorhersage der Zukunft, nehmen dem einzelnen die Angst, nähren in ihm den Glauben, sie würden zeigen, was als nächstes passiert.

In diesem Buch aber kommen die Runen auf ganz andere Weise zur Sprache: Sie sind hier für

Sie eine hervorragende Gelegenheit und Hilfe, *sich selbst* besser verstehen zu können und die eigenen, meistens verborgenen oder blockierten, aber vorhandenen Potentiale, Talente, Begabungen und Fähigkeiten ans Licht zu fördern.

Fragen Sie die Runen! ist kein Orakel und kein esoterischer Hokuspokus, sondern eine ganz einfache Möglichkeit, die eigenen Kräfte zu mobilisieren, sich unter ihrer Zuhilfenahme weiterzuentwickeln und infolgedessen als Persönlichkeit wachsen zu können. Runen vermögen Ihnen ebenso dabei behilflich zu sein, Ihre kleinen und großen Alltagsprobleme anders und vor allem effektiver zu lösen oder Ihrer Persönlichkeit ein neues Bild zu verleihen. Sie unterstützen Sie darin, Ihr Selbstbewußtsein aufzubauen, beruflich erfolgreich zu sein oder in Ihrer Partnerschaft neue Akzente zu setzen. Runen können bei richtiger Nutzung als universelles Medium für die positive Selbstveränderung dienen, mit dem erklärten Ziel, als Mensch ganzheitlich mit sich selbst, anderen und der Natur im Einklang zu leben. Hier geht es eben nicht um die bange Frage: Was passiert mir als nächstes (wobei die stille Hoffnung mitschwingt: Es »wird alles gut«), sondern darum: *Was kann ich tun, damit ich mit meinen Ängsten und Hoffnungen leben, ja, damit ich aus ihnen etwas machen kann, mit dem ich dann zufrieden sein werde?*

Spätestens hier werden Sie sich fragen: »Wie soll denn das gehen?« Diese Frage ist berechtigt und stellt wie viele Fragen den Ausgangspunkt für weitere Erkenntnis dar. Wer nicht fragt, der darf auch nicht auf Antwort hoffen. Die Kunst des richtigen Fragens bildet daher auch einen der zentralen Bereiche dieses Buches und wird Ihnen, den Lesern, immer wieder begegnen. Die Runen werden Ihnen dabei helfen, sowohl die richtigen Fragen zu stellen als auch zu verwertbaren und anwendbaren Antworten zu gelangen.

Alles, was Sie dazu brauchen . . .

Stellen Sie sich einmal vor, Sie hätten ein Problem und bemühten sich nach Kräften um eine Lösung. Sie stehen wieder vor einer verschlossenen Tür und suchen nach dem verborgenen Mechanismus, der sie öffnet. Aber es fällt Ihnen beim besten Willen nichts ein. Im Gegenteil: Je mehr Sie sich anstrengen, desto schlimmer wird es. Sie überlegen und zerbrechen sich den Kopf. Ihre Gedanken drehen sich im Kreis. Vielleicht werden Sie sogar nervös. Ihr Blutdruck erhöht sich, das Herz schlägt schneller, die Gedanken rotieren, und mit einemmal verspüren Sie Angst. Das macht es Ihnen noch schwerer, eine Lösung zu finden. Dabei könnte es so einfach sein.

Alles, was Sie zur Beseitigung Ihrer Probleme und Schwierigkeiten brauchen, steckt in Ihnen. Allerdings ist es tief in Ihrem Innern verborgen, und viele Blockaden, wie – eben – die Angst, verhindern den Zugang. Damit Sie dieses Potential, diese versteckte Energie, für sich verwenden können, benötigen Sie ein paar Hilfsmittel, die Runen. Sie können dabei helfen, die »verschütteten« Kräfte in Ihnen freizulegen und sie zu nutzen. Die Runen haben dabei die Aufgabe, Sie dabei zu unterstützen, Blockaden an die Seite zu räumen, um Ihnen den freien Zugriff auf Ihre Fähigkeiten zu ermöglichen. Da sie sowohl auf der bildhaften Ebene als Darstellung wirken als auch Gefühle durch den Klang ihres Namens und die Art ihrer Interpretation hervorrufen, eignen sie sich hervorragend als *Schlüssel*, um blockierte Speicherregionen in Ihrem Gehirn zu öffnen. Sie werden später feststellen, wie Runen sogar Ihre geistige Kapazität um mehr als vierhundert Prozent steigern können. Und Sie haben dabei nicht mehr zu tun, als einen kleinen Beutel, gefüllt mit ein paar Runen, in die Hand zu nehmen und Ihre »psychologische Hausapotheke«, die Runen, zu fragen: »Was soll ich in dieser Sache tun?« Dann greifen Sie hinein und ziehen eine Rune. Das auf dieser Rune erkennbare Zeichen sagt Ihnen, wie Sie bei Ihrem Problem vorgehen könnten, um zu einer effektiven Lösung zu gelangen.

Alles, was Sie in Ihrer »psychologischen Hausapotheke« brauchen, um die meisten Ihrer Probleme in Zukunft zufriedenstellend zu lösen, sind:

- ein Beutel mit 25 Runen,
- ein wenig Wissen um die Bedeutung der einzelnen Runen,
- ein paar Kenntnisse im Gebrauch der Runen,
- und eine Frage, die Sie an die Runen stellen.

Runen sind der Schlüssel zu den verborgenen Schätzen in Ihrem Innern, die nur darauf warten, gehoben zu werden. Runen sind der Wegweiser, mit deren Hilfe Sie blockierte Talente, unbekannte Begabungen und vieles mehr, von dem Sie noch gar nicht wissen, daß Sie es besitzen, ans Licht bringen und damit in Ihr Bewußtsein führen. In diesem Buch erfahren Sie, wie Sie diese brachliegenden Potentiale in sich selbst entdecken und nutzen können, um voranzukommen, um zu wachsen und zu gedeihen – um endlich das zu werden, was Sie eigentlich schon immer waren: *ein Mensch mit unendlich vielen Fähigkeiten, die nur darauf warten, richtig eingesetzt zu werden.* Doch bevor sich diese Tür Ihnen öffnet, brauchen Sie den passenden Schlüssel. Bevor es weitergehen kann, sollten Sie sich erst einmal ein paar Runen zulegen.

Der zweite Schritt:
So können Sie sich auf einfache Weise Ihre persönlichen Runen selbst herstellen

Es gibt verschiedene Möglichkeiten, sich seine Runen selbst anzufertigen. Sie können dabei ein einfaches, schnell nutzbares Werkzeug sein oder auch ein ausgefeiltes, komplizierteres. Die schnellste Methode besteht darin, sich die 25 Runenzeichen auf ein Blatt Papier zu zeichnen und diese auszuschneiden. Dann mischen Sie diese auf dem Tisch kräftig durch, stellen eine Frage und ziehen, ohne hinzusehen, einen der Schnipsel.

Der Nachteil der Papierrunen: Sie sind nach kurzer Zeit des Gebrauchs verknickt und schmutzig. Um die Haltbarkeit zu erhöhen, können Sie auch eine widerstandsfähige, harte Pappe verwenden (eine solche Tafel liegt bei).

Runen waren für unsere germanischen Vorfahren eine magische, zu kultischen Zwecken verwendete, heilige Sache. Diesem Charakter werden Papierschnipselrunen nicht gerecht. Unsere Altvordern wählten zur Runenherstellung entweder Hölzer von ganz speziellen Bäumen, Steine, die sie mit Sorgfalt und Bedacht aussuchten, oder Knochen von verehrten Tieren.

Holz eignet sich hervorragend zum Anfertigen von Runen. Man kann sich mit einer Laubsäge kleine Holzscheiben sägen (oder sägen lassen) und mit einem Brennkolben die Zeichen hineinbrennen. Natürlich lassen sich die Zeichen auch mit einem Stift auftragen oder mit einem Messer hineinschnitzen. Runen können ebensogut aus Ton oder einer anderen Knetmasse geformt werden. Im Handel sind auch Materialien erhältlich, die man im Backofen hartbacken kann. Dabei sollten Sie aber darauf achten, daß diese Knetmasse aus ungefährlichen Zutaten hergestellt ist. Einige dieser Produkte können giftige Gase entwickeln.

Noch besser ist es, sich einige flache Kieselsteine von der Größe etwa eines Zweimarkstücks zu besorgen und die Runenzeichen einzuritzen oder mit einem wasserfesten Filzstift aufzutragen.

Für welches Material Sie sich entscheiden, wird auch von Ihren persönlichen Vorlieben, Ihren Neigungen und Ihrem Geschmack abhängig sein. Wer Holz bevorzugt, seine Wärme und die Struktur seiner Oberfläche an den Fingerspitzen mag, sollte sich daraus seine Runen herstellen. Wer das leise Klickern der Steine liebt, wird Steine wählen. Wer gerne modelliert, wird sich seine Runen aus Ton oder einem entsprechenden Material formen. Wer eine Vorliebe für Metall hat, der kann sich seine Runen auch aus Stahl fertigen oder fertigen lassen und die Zeichen hineinfräsen. Es gibt keine

Vorschriften für die Herstellung der Runen, au-
ßer daß sie Ihnen gefallen sollten. Welches Material Sie dazu wählen, ist nicht wichtig. Ihrer krea-
tiven Phantasie sind hier keine Grenzen gesetzt.
Es gab zu allen Zeiten Runen aus allen möglichen
Materialien. Was zählt, ist, daß die Runen zu Ihnen passen!

Für die Aufbewahrung der Runen können Sie
sich einen kleinen Beutel besorgen oder aus
Stoffresten selbst nähen beziehungsweise nähen
lassen. Das hat neben der besseren Haltbarkeit
auch noch andere Vorteile. Man sieht während
des Ziehens nicht, nach welcher Rune man greift.
Man kann dabei mit dem Finger die Runen berühren und sich die richtige Rune »tasten«. Das
heißt: Eine ganz bestimmte Rune wird, während
Sie mit den Fingerspitzen darüberstreichen, an
Ihren Fingern »kleben bleiben«. Mit dieser Methode erhöhen Sie die Wirksamkeit der Runen. Je
intensiver Sie sich mit ihnen beschäftigen, desto
besser werden die Ergebnisse Ihrer Bemühungen.
Wenn Sie später die ersten Runen aus dem Beutel
ziehen, lassen Sie sich dabei ruhig Zeit. Denken
Sie daran: Schnelle Ziehungen bringen zwar
ebensolche Ergebnisse, aber sie sind möglicherweise auch ebenso flüchtig.

Ähnlich verhält es sich auch mit den magischen Kräften, die den Runen innewohnen können, wenn man weiß, wie man es machen muß,

damit aus normalen Materialien magische Gegenstände werden.

Sieht man einmal davon ab, daß die uns heute bekannten Runen ab dem zweiten nachchristlichen Jahrhundert entstanden sind – könnte ihre Vorgeschichte nicht die folgende sein?

Irgendwann in grauer Vorzeit wird einmal ein Steinzeitmensch während der Jagd auf ein wildes Tier über einen Stein am Weg gestolpert sein. Dieser zufälligen »Begegnung« maß er zunächst keinerlei Bedeutung bei. Aber als er das Objekt seiner Pirsch erlegt hatte, fiel ihm jener Stein am Wegesrand wieder ein. Er nahm ihn mit in seine Höhle, wo er einen Ehrenplatz als Glücksbringer bekam. Vor dem nächsten Jagdausflug befragte er den Stein, ob ihm Glück beschieden sei.

So oder so ähnlich könnte sich aus »zufälligen« Ereignissen die – wesentlich jüngere – Kunst des Runenlegens entwickelt haben. Dabei dürfte vermutlich Angst die Quelle solcher Befragungen gewesen sein. Der Mensch der Vorzeit fühlte sich wahrscheinlich den Launen der Natur hilflos ausgeliefert. Er begriff weder den Donner noch den Blitz, noch das Feuer oder gar den Verlauf des Lebens mitsamt seinen Entwicklungsstufen. Und schon immer haben Menschen nach Zeichen gesucht, die ihnen das Leben verständlicher und vor allem vorhersagbar machen sollten. Bis in die heutige Zeit hat sich diese Neigung des Menschen,

zum Beispiel der Blick ins Horoskop, erhalten.
Wir wissen nicht, was uns bevorsteht, und das
macht uns angst. Also suchen wir nach Zeichen,
die diese Angst zu mindern helfen, die uns vielleicht etwas über die bevorstehenden Ereignisse
aussagen können.

Aus den vielleicht zufälligen Begebenheiten in
der ältesten Vergangenheit des Menschen haben
sich im Laufe der Jahrhunderte und Jahrtausende
verschiedene Orakelsysteme entwickelt, und
zwar unabhängig vom Kulturkreis. Die bis heute
bekanntesten unter ihnen sind das I Ging, das Ta-
rot und die Runen. Aus einem tolpatschigen Stolpern irgendeines Vorzeitmenschen könnte sich
vielleicht über Jahrhunderte ein Zeichensystem,
die Runen, herauskristallisiert haben. Die Ängste
und Wünsche der Menschen wurden bildhaft. Sie
ritzten das Rind, den Donner oder die Sonne in
den Stein oder ins Holz. Unser Wort »Buchstabe«
geht vermutlich – wie schon erwähnt – auf das
Einbrennen von Zeichen in Buchenholz zurück;
aber auch das althochdeutsche »buoh« war gleich-
bedeutend mit Runenzeichen. »Stab« wurde ins-
besondere der senkrechte Hauptstrich der Runen
genannt. Aus diesen ersten bildhaften Symbolen
wurde im Laufe der Zeit ein abstraktes Zeichensystem, das sich immer weiter vom Bild entfernte,
bis irgendwann das ursprüngliche Bild zum Teil
nicht mehr erkennbar war. Eine ähnliche Ent-

wicklung machten alle heute bekannten Schriftsysteme durch. Das einfache Bild wandelte sich zum abstrakten Zeichen.

Manchen Menschen wurden magische Kräfte zugeschrieben, weil sie imstande gewesen sein sollen, die Zukunft »richtig« vorherzusagen oder, besser: vorherzu*sehen*. Sie interpretierten die Zeichen und entwickelten bestimmte Systeme, um sie zu deuten. Diese »Auserkorenen« – je nach Kulturkreis handelte es sich um Priester, Schamanen oder weise Frauen – pflegten ganz besonders die Runen, denn sie verliehen ihnen Macht. Macht über die Menschen, ihre Ängste und Hoffnungen. Macht über die geheimnisvollen Steine oder Stäbe aus Holz.

BLUM zitiert in seinem Buch *Runen* aus einer Sage von ERICH DEM ROTEN, worin die anschauliche Beschreibung einer Runenmeisterin vorkommt: »Sie trug einen Mantel, der mit Steinen gesäumt war. Über dem Kopf und um den Hals war eine Kapuze, gefüttert mit weißem Katzenfell. In der einen Hand trug sie einen Stab mit einem Knauf am Ende, und an ihrem Gürtel, der das lange Gewand zusammenhielt, hing ein Zauberbeutel.«

Der römische Geschichtsschreiber TACITUS berichtet in seiner berühmten Schrift *Germania*, wie bei den Germanen Runen geworfen wurden: »Vorzeichen und Losorakel beobachten sie wie

kaum ein zweites Volk. Ihr Verfahren beim Losorakel ist ein einfaches: Von einem fruchttragen-
den Baum schneiden sie einen Zweig ab, den sie in
Stäbchen zerteilen, die mit bestimmten Zeichen
versehen und wahllos über ein weißes Tuch ge-
streut werden. Dann betet der Priester des Stam-
mes, wenn die Befragung des Loses in öffentlicher
Angelegenheit erfolgt, oder, bei privater Befragung, der Familienvater zu den Göttern und
nimmt, mit zum Himmel erhobenem Blick, nacheinander drei Stäbchen auf und deutet sie entsprechend dem vorher eingeritzten Zeichen.«

Unsere Vorfahren wußten um die magischen
Kräfte, die den Runen innewohnten. Daher be-
handelten sie diese auch entsprechend. Für ihre
Herstellung verwendeten sie eben nicht den erst-
besten Werkstoff, der ihnen in die Finger geriet,
sondern sie stellten Überlegungen dahingehend
an, welches Material sich besonders eignen würde.
So nimmt innerhalb der germanischen Mythologie beispielsweise ein bestimmter Baum, die
Esche, eine herausragende Stellung ein. Wenn uns
heute angesichts der Umweltverschmutzung, des
ständig voranschreitenden technischen Fort-
schritts langsam die Erkenntnis reift, daß wir unseren Planeten nicht grenzenlos ausbeuten können, und viele Menschen davon überzeugt sind,
die Erde sei so etwas wie ein lebender Organismus
und wir nur ein Teil davon, dann handelt es sich

dabei um keine neue Erfahrung. Unsere germanischen Urahnen wußten das schon längst.

Sie glaubten, daß die Welt aus den Körperteilen eines gigantischen Urwesens namens Ymir entstanden war. Sein Fleisch war die Erde, sein Blut das Wasser, seine Knochen türmten sich zu Bergen, seine Haare reckten sich als Bäume empor, und sein Schädel bildete den Himmel. Im räumlichen Weltbild der Germanen war die Weltesche Yggdrasil von ganz besonderer Bedeutung: Sie breitete ihre Äste über das All. Zwischen ihren Wurzeln sprudelten die Quellen der Weisheit und des Schicksals, die Aufenthaltsorte der drei Schicksalgöttinnen, der Nornen Urd, Werdandi und Skuld. Mittelpunkt der Welt war für die Germanen Midgard, der Lebensraum der Menschen, den die Midgardschlange umsäumte. Außerhalb, in Utgard, wohnten die Riesen; unterhalb herrschte Hel, die Göttin der Unterwelt, während Asgard, das Reich der Götter, über der Erde schwebte.

Einer von ihnen, Odin oder Wotan, der Gott des Krieges und der Ekstase, hatte den Germanen die Runen überlassen. Nach der überlieferten Mythologie, wie sie in der *Edda*, einer etwa um 1250 nach Christus entstandenen altnordischen Liedersammlung festgehalten ist, hatte Odin die Runen an der Weltesche Yggdrasil hängend empfangen. Die Verse, die auch als Motto am Anfang dieses

Kapitels stehen, lauten – übersetzt von FELIX
GENZMER:

>»Zu wachsen begann ich
und wohl zu gedeihn,
weise ward ich da;
Wort mich von Wort
zu Wort führte,
Werk mich von Werk
zu Werk führte.«

In diesen Zeilen wird auch deutlich, daß es gar
nicht um irgendwelche Prophezeiungen ging,
sondern um Wachstum, Weisheit und Weiterentwicklung. Odin wächst nicht dadurch, daß er die
Zukunft vorhersagt, sondern weil er mit Hilfe der
Runen handelt.

Wen wundert es da noch, daß gerade Runen aus
dem Holz der Esche besondere Kräfte zugeschrieben wurden? Auch das auf der Rune stehende je-
weilige Zeichen, das *Futhark* (>th< stand für einen
Buchstaben), so genannt nach den Anfangsbuch-
staben der ersten sechs Runen, wurde magisch
aufgeladen, indem man zum Beispiel für das Auf-
malen der Symbole Blut verwendete. Eine andere
Methode bestand darin, das Zeichen in das Holz
zu brennen.

Auch der moderne Runenleger kann seine Runen magisch »aufladen«, indem er

O sie mit Sorgfalt herstellt, ihnen seine Wert-
   schätzung zeigt,

○ sie nur selbst benutzt,
○ jede einzelne Rune längere Zeit in die Hand nimmt und seine Energie in sie einfließen läßt,
○ sie in einem besonderen Beutel aufbewahrt,
○ sie an einem besonderen Platz aufhebt,
○ aus der Befragung der Runen ein Ritual macht.

Es gibt viele Möglichkeiten, um die Wirksamkeit seiner Runen zu erhöhen. Wichtig dabei ist, daß jeder sich den individuellen Weg suchen sollte, der zu ihm paßt!

Wenn Sie bis hierher gelangt sind, haben Sie schon eine beträchtliche Strecke auf Ihrer Schatzsuche hinter sich gebracht und bereits einige verborgene Türen geöffnet. Ihr Gehirn arbeitet, ohne daß Sie es bewußt wahrnehmen, mittlerweile auf Hochtouren, sammelt neue Informationen, vergleicht sie mit den schon vorhandenen, stellt neue Verknüpfungen her: die Basis für neue Ideen, neue Lösungsansätze. Später werden Sie überrascht sein, wenn Ihnen einige Lösungen »einfach zuzufliegen« scheinen. Dies haben Sie jedoch ausschließlich Ihren gründlichen »Vorbereitungen« zu verdanken. Mit jeder weiteren Zeile, die Sie von nun an lesen, stellen Sie das Material zusammen, aus dem Sie anschließend beim Runenlegen schöpfen können. Mit jeder weiteren Zeile werden Sie auf bisher ungeahnte Verbindungen von Ge-

danken, auf bis dahin unbekannte Kombinations-
möglichkeiten stoßen. Diese Arbeit Ihres Gehirns
können Sie bewußt unterstützen, indem Sie das
folgende noch etwas konzentrierter und aufmerk-
samer als bisher lesen.

Bevor Sie sich nun mit den nächsten Seiten beschäftigen, sollten Sie sich ein paar Runen herstellen, zum Beispiel aus der beigefügten, bereits vor-
gestanzten Kartontafel, oder kaufen. Gehen Sie
erst dann zum nächsten Kapitel über.

Sie sind nun im Besitz der Runen, die Ihnen auf
dem vor Ihnen liegenden Weg sozusagen als Tür-
öffner zur Verfügung stehen. Und hinter der
nächsten Tür stoßen Sie auf weitere wichtige Informationen über den Umgang mit den Runen.
Was nützt einem das beste Werkzeug, wenn man
nicht weiß, wie es anzuwenden ist? Im anschlie-
ßenden Kapitel finden Sie erste Anleitungen für
die Handhabung der Runen.

Machen Sie sich nun mit jeweiligen Bedeutungen der Runen bekannt.

II

Geheimnisvolle Zeichen: Was bedeuten die einzelnen Runen?

Der dritte Schritt:
Lernen Sie,
die Runen zu lesen

Jeder Rune ist eine bestimmte Bedeutung zugeordnet. Bevor wir uns jedoch mit den jeweiligen
Geheimnissen, welche den Runen innewohnen,
näher vertraut machen, möchte ich Sie auf einen
sehr wichtigen Unterschied zur traditionellen Runenauslegung aufmerksam machen. In diesem
Buch werden Runen eher psychologisch definiert
und verstanden.

Nehmen wir zum Beispiel *Dagaz*, die 22. Rune.
Sie bedeutet nach der traditionellen Auslegung:
»Durchbruch«, »Transformation« und »Tag«.

Hier erfährt der oder die Fragende: Es wird zu einem Durchbruch kommen. Ein Problem wird auf überraschende Art und Weise gelöst. Diese Rune soll eine größere Phase von Gelingen und Blühen einleiten. Dem Fragesteller oder der Fragestellerin soll also Gutes widerfahren. *Es handelt sich folglich um etwas, das passieren wird.*

Die traditionelle Runendeutung ist auf die Vorhersage der Zukunft beschränkt. Sie fordert Fragesteller dazu auf, sich den zu erwartenden Ereignisse passiv zu unterwerfen. Anders die neue, fortschrittliche Runeninterpretation, die unseren heutigen, modernen Bedürfnissen angepaßt ist und dabei die überlieferte Auslegung mit modernen Erkenntnissen aus der Psychologie verbindet: Hier bedeutet *Dagaz* eine Aufforderung zur Aktivität. Anders formuliert: »Tue alles, damit es bei dem Problem zu einem Durchbruch kommt!« Nicht von passivem Warten, sondern von aktivem, das Problem zu einer Lösung führendem Handeln ist die Rede.

Hierbei wird auch der Unterschied zwischen einer »konventionellen« und einer »psychologischen Hausapotheke« deutlich: Bei Bluthochdruck zum Beispiel ist im Grunde genommen nicht der Griff zur drucksenkenden Tablette vonnöten, sondern etwas ganz anderes. Auch der Gang zum Arzt beseitigt das Problem vorderrangig nicht! Das eigentliche Signal, das der Bluthochdruck aussendet, heißt: Ändere deine Ernährungs- und/oder Lebensgewohnheiten!

Die fortschrittliche Runendeutung führt dazu, dem Übel bei bestimmten Lebensproblemen wirklich an die Wurzel zu gehen, und zwar durch aktives, der Lösung des Problems dienendes Handeln. In dieser Weise werden alle Runen von der traditionellen Bedeutung her wesentlich intensiver ausgelegt, als das bisher üblich war. Dabei handelt es sich nicht um einen Widerspruch zur traditionellen Deutung (siehe Rune *Dagaz*, »Durchbruch«), sondern um eine wesentliche Ergänzung, die zum Handeln auffordert. Die »psychologische Hausapotheke« betäubt nicht oder doktert an Symptomen herum, sondern hilft wirklich bei der Lösung der Probleme. Sie weckt die vorhandenen Selbstheilungskräfte des oder der Ratsuchenden und gibt ihm beziehungsweise ihr konkrete Möglichkeiten an die Hand, etwas zu verändern.

Die auf eine Frage hin gezogene Rune hält den

Fragestellern einen Spiegel vor und zeigt ihnen darin in Form eines Runenzeichens, was ihr oder ihm fehlt und was genau zu tun ist. Das eigentliche Ziel des Runenlegens ist eben nicht die Vorhersage der Zukunft, sondern die Selbsterkenntnis. »Erkenne dich selbst, dann *weißt* du, was wirklich gut für dich ist!«

Der innere Aufbau des Runenalphabets und seine tiefere Bedeutung

Wenn wir noch einmal kurz das rekapitulieren, was zuvor über die Entstehungsgeschichte der Runen gesagt wurde, dann können wir viel besser verstehen, wie es zu den verschiedenen Bedeutungen der Runen kam und warum diese einen so starken Einfluß auf das Verhalten des Runenlegers ausüben können.

Die Runen als Bedeutungsträger entwickelten sich möglicherweise durch verschiedene zufällige Erlebnisse, zum Beispiel bei der Jagd. Hatten Steinzeitmenschen ein paarmal »Glück« gehabt und behielten die Steine (oder die abgebrochenen Zweige) »recht«, so wurden allmählich immer häufiger diese Materialien befragt, bevor man etwas unternahm. Im Prinzip ging es ja um nichts anderes, als zu erfahren: Hat mein Vorhaben Aussicht auf Erfolg oder nicht? Im Verständnis des Frühmenschen hieß das: Sind die Götter mir günstig gestimmt oder nicht?

Im Laufe der Zeit werden unsere frühen Vorfahren aber nicht nur Fragen zur Jagd an den Stein oder den abgebrochenen Ast gerichtet haben, sondern auch zu anderen Themen. Ob das Wetter am anderen Tag »gut« wird, ob die feindliche Gruppe angegriffen oder ob eine Frau geraubt werden soll. Je nach den speziellen Lebensumständen wurden die Fragen immer mehr ausgeweitet. Wir wissen heute aufgrund archäologischer Erkenntnisse, daß unsere Vorfahren bestimmte Erscheinungen bestimmten Göttern zugewiesen haben. So wird es den Gott des Wetters ebenso gegeben haben wie den Gott der Jagd oder der Liebe. Diese Zuordnung der jeweiligen Lebensbereiche zu entsprechenden Göttern hat sich über Jahrtausende hinweg auch bei den Ägyptern, den Griechen oder Römern erhalten. Sie kannten den Gott des Meeres, der Jagd oder der Liebe.

Die Entwicklung der Runen kann ähnlich verlaufen sein. Nach und nach wird der einzelne Stein den vielen Fragen, die durch die Menschen an ihn gerichtet wurden, nicht mehr ausgereicht haben. So kamen immer mehr neue Steine mit einzelnen Bedeutungen hinzu. Aber immer blieb das Ele-

ment des »Ja-oder-Nein«-Mechanismus erhalten.
Die Runen konnten ja aufrecht oder umgekehrt
fallen. In den einzelnen Interpretationen findet
sich das wieder. Fällt eine Rune aufrecht, wird es
eher positiv ausgelegt, fällt sie umgekehrt, bekommt sie eine negative Tendenz in der Auslegung.

Dieser einfache »Ja-oder-Nein«-Mechanismus
entsprach aber nicht nur der einfachen Denkungs-
art der frühen Menschen, sondern auch der Wirkungsweise unseres Gehirns. Die einzelne Zelle
reagiert ja auf eine hereinkommende Nachricht
auch nicht anders. Sie entscheidet über die Weiterleitung dieser Nachricht mit der Ausschüttung
bestimmter Stoffe, der Neurotransmitter, die den
synaptischen Spalt, die Lücke zur nächsten Zelle,
überbrücken. Dabei gibt es leitende und hemmende Substanzen, die darüber entscheiden, ob
ein bestimmter Impuls weitergeleitet wird. Wir
können diesen Mechanismus auch »Ja-oder-
Nein«-Mechanismus nennen.

Wir finden diese Zweiteilung überall: in der
Muskulatur, die gespannt oder entspannt sein
kann, in der Lunge, die ein- oder ausatmet, im
Herzen, das sich zusammenzieht oder ausdehnt,
im Blut, das mit Sauerstoff zum Herzen beziehungsweise Gehirn hinfließt und ohne zurück.
Wir finden diese Zweiteilung auch in anderen Bereichen, so zum Beispiel im Rhythmus von Tag

und Nacht, von Hell und Dunkel, im Auf und Ab
der Gezeiten und im Rauf und Runter des Lebens.
Unsere heutigen Computer basieren ebenfalls
auf diesem System. Hier heißt es allerdings nicht
Ja oder Nein, sondern Null oder Eins oder noch
präziser: Strom oder kein Strom, Plus oder Minus.
Die universelle Zweiteilung wird uns in diesen
oder ähnlichen Zusammenhänge noch öfter begegnen. Auch die inneren Bedeutungen der einzelnen Runen basieren darauf. Im Prinzip lassen
sich alle, auch schwierigste Zusammenhänge, stets
auf diese zwei Grundbedingungen zurückführen.
Ob im Computer das komplizierteste Programm
abläuft oder in unserem Körper verschiedene Or-
gane miteinander in Verbindung stehen und die
verwirrendsten Abläufe, unser Leben, steuern –
das Fundament des Ganzen bleibt die Zweiteilung.
Nicht anders ist es bei den Runen. Trotz aller dif-
ferenzierten Weiterentwicklung über Jahrhunderte hinweg basieren sie immer noch auf einem
einfachen Grundsystem: *Es gibt Runen, die den
Fragesteller oder die Fragestellerin freuen, und solche, die zunächst Angst auslösen.* Beides sind aber
nur verschiedene Seiten derselben Medaille.
Im Sinne der persönlichen Weiterentwicklung
und des Wachstums haben wir es hier sogar mit
einem ganz wichtigen Aspekt zu tun: Kraft, Stärke
und Durchhaltevermögen, ja Lebensenergie, gewinnen wir nicht aus unseren guten Zeiten, son-

dern aus den bewältigten »schlechten« und
schwierigen Lebensumständen. Erst durch sie erfahren wir, daß wir unsere Probleme aus dem Weg
räumen können, und bilden dadurch Selbstbewußtsein. Wer sich also mit diesen Aspekten seines Lebens nicht auseinandersetzen will, verhindert folglich, daß er Fortschritte macht, daß er sich
ein Bewußtsein eigener Stärke aneignet. So gesehen sind Probleme und Schwierigkeiten und deren Bewältigung die eigentlichen »Wachstumsbe-
schleuniger«. Runen fungieren hier als Medium,
über das wir schneller als im normalen Leben gerade diese Probleme ausräumen können. So seltsam es an dieser Stelle klingen mag: *Aber je mehr
Schwierigkeiten Sie haben, je mehr Probleme Sie
quälen, desto größer ist das Wachstumspotential,
das Sie mit Hilfe der Runen entfalten können!*

Wir haben es hier aber nicht nur mit einem
zweigeteilten System zu tun, sondern auch mit
zwei voneinander abhängigen Systemen. Diese
einfache Tatsache wird gerade im Zusammenhang
mit den Runen häufig übersehen. Viele Menschen
glauben, sie hätten »Pech« und müßten nach
»Glück« streben, oder sie sind der Meinung,
»Angst« müßte durch »Mut« ersetzt werden. Dabei übersehen sie, daß das eine das andere bedingt.
Ohne Pech gibt es kein Glück, ohne Angst keinen
Mut.

Oder anders ausgedrückt: Beides gehört zum

Leben, beides wird gebraucht. Wir sollten uns nicht einbilden, die Angst abschaffen zu können; sie wird genauso gebraucht wie die Freude. Angst hat eine Schutzfunktion. Sie verhindert, daß wir leichtsinnig handeln oder uns in eine Gefahr begeben. Ohne Angst würden wir achtlos eine verkehrsreiche Straße überqueren und dabei »unter die Räder geraten«. Ohne Angst begäben wir uns Tag für Tag in gefährliche Situationen und kämen darin um oder erlitten Schaden. Umgekehrt wäre ein Leben ohne Freude eine ziemlich düstere Angelegenheit; wir verlören unsere ganze Energie und verfielen in Schwermut und Tatenlosigkeit.

Wenn wir die Runen auf der einen Seite als ein Abbild der Welt unserer Urahnen, ihrer Ängste und Hoffnungen verstehen, dann können wir auf der anderen Seite auch sagen: In dieser äußeren Welt spiegelt sich gleichermaßen die innere Welt des Menschen.

Ob die Steine befragt wurden, wie das Wetter, die Jagd oder eine gewalttätige Auseinandersetzung ausfallen könnte, ist nichts anderes als die Vorwegnahme dessen, was geschehen würde. Schließlich hatten unsere Vorfahren schon Erfahrungen in dieser Richtung gesammelt. Sie kannten die verschiedenen Möglichkeiten, die jeweiligen Witterungsbedingungen. Sie wußten, daß es regnen oder schneien konnte, daß Sonnenschein zu erwarten war oder ein Sturm über das Land fegen konnte.

Erst dieses Wissen um die verschiedenen Möglichkeiten machte die Angst vor der Zukunft aus. Uns geht es heute ja ähnlich, wenn wir uns mit Runen beschäftigen. Wir sind uns gleichfalls im klaren darüber, was alles passieren kann. Wir haben in uns massenweise Informationen über die verschiedenen Möglichkeiten gespeichert und, was erstaunlich ist, nicht nur über unsere aktuellen Probleme dieses ausgehenden Jahrhunderts, sondern auch über die Erfahrungen unserer Vorfahren. Jede Zelle unseres Körpers repräsentiert die ganze Geschichte der menschlichen Evolution. Der heutige Zustand unseres Gehirns ist nichts anderes als das vorläufige »Zwischenergebnis« dieses permanenten Prozesses.

Wir wissen heute soviel wie nie über uns selbst. Aber damit ist auch eine große Schwierigkeit verbunden, denn je klüger wir sind, desto schwieriger wird die Entscheidung für eine Alternative, für richtig oder falsch. Wir müssen ständig zwischen einer Vielzahl von Möglichkeiten wählen und dabei das Risiko in Kauf nehmen, auch Fehler begehen zu können. Die immense Zunahme des Wissens ist also nicht nur positiv zu sehen. Im Gegenteil: Wenn Menschen heute wieder zu den Runen greifen, dann wird deutlich, daß mehr Wissen auch ein Mehr an Orientierungsbedarf nach sich zieht, daß ein Mehr an Kompliziertheit gleichwohl ein Mehr an Einfachheit befördert.

Die immer komplizierter werdende Welt ist ja ein Abbild unserer selbst. Wir, die Menschen, haben die Welt so gemacht. Und jedes Problem, das sich uns im Äußeren stellt, wird im Innern eine diesbezügliche Entsprechung haben. Wenn Menschen sich fragen, ob sie einen Partner finden oder einen Beruf weiter ausüben können, dann lösen sie damit innerlich eine Folge von Prozessen aus, die das Gehirn stimulieren, aktiv nach einer Beantwortung dieser Frage zu suchen.

Nehmen wir einmal an, eine junge Frau hätte eine ganze Reihe erfolgloser Beziehungen zu Männern hinter sich. Außenstehende oder Freunde hätten beobachtet, daß sie dennoch ständig mit anderen Männern zusammen ist. Dieser äußere Schein spiegelt auch die innere Situation der jungen Dame wider. So wie draußen die Partner wechseln, so herrschen innen Unruhe und Unsicherheit. Die Gefühle der jungen Dame für die Männer sind ebenso unbeständig wie das, was in ihrer Umwelt stattfindet.

Hier vollzieht sich ein Wechselspiel: Außen wird eine Erfahrung gemacht, die innen auf eine Vorerfahrung in dieser Sache trifft. Alles, was Beziehungen anbelangt, basiert auf unseren Urbeziehungen in dieser Sache, auf dem, was wir als Kinder mit unseren Eltern erlebten. Einfach ausgedrückt: Haben wir als Kinder schlechte Erfahrungen gemacht, wenig Selbstvertrauen gebildet, werden wir als Erwachsene in der Regel damit unsere Probleme haben.

Je mehr schlechte Erfahrungen aber unsere junge Dame sammelt, desto mehr wird sie unlustig, depressiv, unruhig und vieles mehr werden. Irgendwann wird sie sich selbst die Schuld an ihrer Situation geben. Ihr Selbstbewußtsein erleidet einen solchen Schaden, daß sie sich nicht mehr traut, es überhaupt noch einmal mit einem Mann zu versuchen. Die Angst in ihr ist übermächtig geworden, dominiert alles und macht sie letztlich handlungsunfähig.

Man kann auch sagen: Die Angst hat das Kommando in ihrem Orchester der Teilpersönlichkeiten übernommen. Ihre anderen Fähigkeiten werden so von der Angst drangsaliert, daß sie gar nicht mehr in Erscheinung treten. Was der jungen Dame fehlt, sind Zuversicht und Lebensfreude, das Gefühl, das Leben trotz aller Widrigkeiten meistern zu können.

Wir brauchen also beides: Angst genausogut wie Freude. Aber jedem wird einleuchten, daß es hier auch ein Zuviel oder ein Zuwenig geben kann. Zuviel Angst lähmt, zuviel Freude verführt zum Leichtsinn, zuwenig Angst macht ebenso übermütig, wie zuwenig Freude Trübsal verursacht.

Im Grunde genommen geht es hier um nichts

anderes als um Ausgewogenheit. Angst und Freude sollten als Grundbedingungen des Lebens in einem gesunden Gleichgewicht gehalten werden.

Und das ist die Funktion der Runen: Sie sollen helfen, diese Balance (wieder-)herzustellen.

Würde ein Mensch, der nur noch schlechte Erfahrungen gemacht hat und eine Niederlage nach der anderen erlebt, Runen ziehen, dann »erwischte« er dauernd solche, die dies widerspiegeln. Nach der traditionellen Auslegung würde er noch mehr Angst vor dem bevorstehenden Niedergang haben. Eine Rune wie *Hagalaz*, die der herkömmlichen Deutung zufolge bevorstehendes Unglück verheißt, bliebe geradezu an seinen Fingern kleben.

Aber diese Rune zeigt uns nichts anderes als das starke Vorhandensein von Angst auf der einen und das Bedürfnis nach ihrem Gegenteil auf der anderen Seite. Nicht »Rechne damit, daß alle deine Pläne schiefgehen« ist hier die Botschaft, sondern: »Tue alles, damit du dich aus dieser Lage befreist!«

Wenn Sie sich mit den verschiedenen Bedeutungen der Runen auseinandersetzen, dann denken Sie bitte daran: Auch die zunächst Angst auslösende Definition hat einen tieferen Sinn. Wenn Sie später eine solche Rune auf eine bestimmte Frage hin ziehen, dann will diese Sie auf etwas

Versäumtes hinweisen. In diesem Sinne gibt es keine »schlechten« Runen, sondern nur solche, die weiterhelfen – auch dann, wenn uns das nicht sogleich bewußt werden sollte.

Der vierte Schritt: Benutzen Sie die Runen, um sich weiterzuentwickeln

Runen lassen sich auf vielfältige Weise auslegen. Je nachdem, mit welcher Zielvorstellung Sie an die Runen herangehen, werden sie Ihnen Antworten vermitteln. Diese erschließen sich über verschiedene Wege.

Der bekannteste Weg ist der des Orakels. Hier soll die Rune die Zukunft vorhersagen. Fragesteller mit diesbezüglichen Bedürfnissen werden auf die Elemente der Interpretation reagieren, die sich mit der Zukunft befassen.

Fragesteller, die sich mit persönlichem Wachstum und ihrer Weiterentwicklung beschäftigen, achten auf Interpretationen, die diesen Aspekt berühren.

An dieser Stelle ist es wichtig, sich noch einmal zu vergegenwärtigen, daß Wachstum und Weiterentwicklung in kleinen, einander bedingenden Schritten verlaufen. Wir entwickeln uns aus der Verbindung zweier Zellen, wachsen zu einem Embryo heran, durchlaufen verschiedene fötale Entwicklungsstadien, kommen als »physiologische Frühgeburt«, die noch nicht laufen und sprechen kann, auf die Welt und werden erst in der lernenden Auseinandersetzung mit dieser zum Menschen.

So, wie sich ein kleiner Same zu einem mächtigen, hundert Meter hohen Baum zu entwickeln vermag, der allen Stürmen trotzt, kann aus der Verbindung der beiden Zellen ein selbstbewußter, zufriedener und glücklicher Mensch werden.

Bei der Beschäftigung mit den Runen verläuft die Entwicklung in ähnlichen Schritten:

Am Anfang befassen wir uns mit der Lösung kleiner und größerer Alltagsprobleme, dann mit unserem geistigen Wachstum, dem Ausbau unseres Potentials, das in uns angelegt ist, bis hin zur Entfaltung unserer Persönlichkeit als menschliches Wesen, das über die materielle Welt hinauswächst.

In allen Fällen will der Runenleger sein Bewußtsein erweitern, den normalen Alltag hinter sich lassen und Bereiche seines Hirns aktivieren, die ihm normalerweise nicht zugänglich sind. Hierzu ist Konzentration notwendig. Daher kann es von Vorteil sein, wenn wir uns vor dem Runenlegen etwas entspannen. Diese Konzentration kann aber auch während des Runenlegens eintreten. Die hierfür notwendige Atmosphäre schaffen Sie, indem Sie sich eine ruhige Zeit innerhalb Ihres Tagesablaufs aussuchen, dafür sorgen, daß Sie in dieser Zeit nicht gestört werden, den Raum etwas abdunkeln und vielleicht eine Kerze oder ein paar Räucherstäbchen anzünden.

Wie werden die Runen am besten befragt?

»Wer nicht fragt, der wird auch keine Antwort erhalten!« So könnte der Leitsatz für die folgenden Seiten lauten. Wir haben es hier mit einem Phänomen zu tun, das vielen aus ihrer Studienzeit bekannt sein dürfte. Wenn jemand allgemein ein Buch, zum Beispiel ein Sachbuch, liest, wird er willkürlich daraus eine ganze Menge neue Informationen in seinem Gehirn speichern. Liest man allerdings ein Buch, um etwas ganz Bestimmtes in Erfahrung zu bringen, wird das Ergebnis anders ausfallen. Je genauer wir unsere Fragestellung an ein Buch formulieren, desto präzisere Informationen können wir aus ihm beziehen.

Bei den Runen ist das nicht viel anders: Wer sich vor dem Runenziehen nicht über die genaue Fragestellung klargeworden ist, dem dürfte die Antwort durch die Runen kaum weiterführende Erkenntnisse verschaffen.

Bevor Sie also eine Rune ziehen, sollten Sie genau darüber nachdenken, was Sie überhaupt wissen wollen. Dazu ist es meistens notwendig, sich das ganze Problem, so wie es momentan ansteht, durch den Kopf gehen zu lassen.

Ähnlich verhält es sich auch mit einer konventionellen Hausapotheke. Bevor Sie ihr etwas entnehmen, überlegen Sie doch, was Ihnen helfen könnte, oder nicht? Wer wird denn schon eine Kopfschmerztablette bei einer Magenverstimmung anwenden, wenn er weiß, daß der Magen auf die meisten Schmerztabletten äußerst empfindlich reagiert?

Wenn wir also zum Beispiel wissen wollen, wie wir bei Schwierigkeiten mit unserem Chef, unserer Frau, unserem Mann oder unseren Kindern verfahren sollen, tun wir gut daran, vorher abzuklären, um welche Art von Problemen es sich dabei handelt. Geht es um grundsätzliche Fragen, wie: »Sollte ich mir eine neue Stelle suchen?«, oder nur um ein momentanes Problem? »Bin ich in meiner Ehe unglücklich?« oder habe ich nur im Moment Schwierigkeiten? »Habe ich keine Beziehung mehr zu meinen Kindern?« oder bin ich nur heute etwas nervös, weil ich vorher schon beruflichen Streß hatte?

Eine überlegte, richtig gestellte Frage enthält im Keim bereits eine Lösung. Ihr komme ich um so näher, je mehr konstruktive Gedanken ich mir über mein Problem mache. Je genauer ich meine Frage an die Runen formuliere, desto präziser wird die Antwort ausfallen.

Es gibt im Grunde genommen nur zwei Methoden, sich über ein Problem klarzuwerden:

1. Die analytische Vorgehensweise:
Hier wird das Problem in seine Einzelteile aufge-
gliedert. Dabei kann man vom kleinen zum großen vorgehen. Das heißt: Man fängt mit einem
ganz bestimmten Detail an, zum Beispiel »Schul-
arbeitenprobleme mit dem Kind«, und arbeitet
sich davon ausgehend zu größeren Zusammenhängen vor. Am Anfang steht das Kind mit seinen
konkreten Schwierigkeiten: Es macht viele Fehler
in der Rechtschreibung. Dann stößt man auf die
Umgebung, Freunde, Schule und auch die Eltern.
Diese Bereiche werden einzeln analysiert und
wiederum in verschiedene Sektoren aufgeteilt.
Der Freundeskreis kann anregend oder ablenkend
sein, je nachdem, um welche Kinder es sich handelt. Die Schule beziehungsweise die Lehrer können sich als hemmend oder fördernd auswirken.
Die Schule kann klein und überschaubar sein, mit
vielen persönlichen Beziehungen, oder groß und
anonym. Die Eltern können ruhig und besonnen
oder überarbeitet und gestreßt sein. Alle diese
Faktoren werden bei dieser Art der Analyse be-
rücksichtigt.

Der analytische Weg ist der Weg des abstrakten
Denkens, der Logik, des Zählen und Messens, des
Zerlegens in Bestandteile, auch wenn man genau
umgekehrt – vom Großen zum Kleinen – vorgeht.
Man unterzieht die Gesellschaft einer Betrach-
tung, in der wir und das Kind leben, dann die ein-

zelnen Bereiche und zum Schluß das Kind und sein Problem.

2. Der intuitive Weg

Hier geht es nicht um Zergliedern und Analysieren, sondern um Empfindungen. Wir stellen uns die Frage: Welches Gefühl meldet sich, wenn wir an das Problem (oder an das Kind) denken?

In diesem Gefühl vereinigen sich unsere sämtlichen Informationen zu diesem Problem. Alles, was wir brauchen, ist darin enthalten. Aber es ist ein diffuses Gefühl. Dieses Wissen befindet sich sozusagen noch im Rohzustand. Wir müssen, wenn wir etwas damit anfangen wollen, aus der verschwommenen, unklaren Empfindung Handlungsanweisungen ableiten. Und dazu bedienen wir uns der Runen. Während das logische, analytische Vorgehen hauptsächlich eine Gehirnhälfte aktiviert, schalten die Runen das ganze Gehirn ein. Sie sind der Schlüssel zu jenen Gehirnregionen, in denen sich alles Wissen verbirgt, das wir zur Lösung unseres Problems benötigen.

Wenn Sie die Runen befragen, sollten Sie sich zunächst über Ihre Frage klarwerden. Dabei können Sie sowohl den analytischem als auch den intuitiven Weg einschlagen. Welchen Sie wählen, ist ziemlich gleichgültig, nur am Schluß der Analyse sollte eine klare Frage stehen.

Eine Möglichkeit, die nach meinen eigenen Erfahrungen sehr gute Ergebnisse erbringt, ist die Kombination zwischen analytischem und intuitivem Vorgehen. Hier gliedert man zunächst das Problem in die wichtigsten Einzelheiten, versucht soviel wie möglich über die vermuteten Ursachen der Störung in Erfahrung zu bringen, und legt dann eine kleine Pause ein.

Danach »vergißt« man diese Resultate einfach und befragt die Intuition. Was sagt mir mein Gefühl jetzt?

Aus beiden Analysen wird nun eine Frage an die Runen formuliert.

Der intuitive Weg ist der Weg des Zusammenführens, des Verbindens, des Schauens. Der Zugang zu ihm erschließt sich am besten in bildhaftem Denken. Der Schlüsselsinn ist das Sehen.

Beide Ausgangselemente treffen Sie im Rahmen der Runeninterpretationen wieder an. Diese Auslegungen enthalten sowohl analytische als auch intuitives Gedankengut. Jede Runenauslegung enthält ein Schlüsselwort, ein Hauptsymbol, durch den germanischen Namen einen Klangwert sowie konkrete Anregungen zu Handlungen. Alle diese Elemente konzentrieren sich in dem Zeichen, entfalten sich im Symbol der Rune.

Wachstumsbeschleuniger:
Die 25 Runenzeichen*

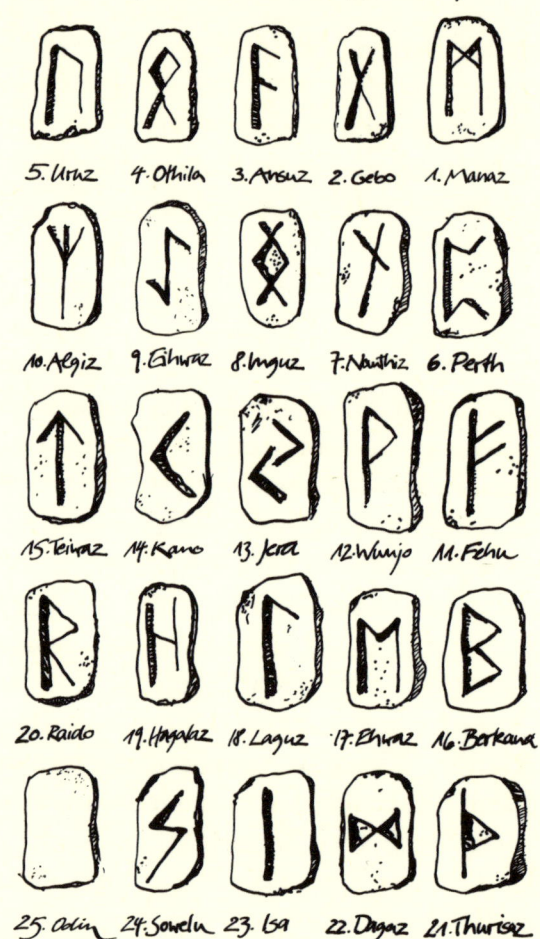

Die Runen
(von rechts nach links zu lesen)

5. Uruz   4. Othila   3. Ansuz   2. Gebo   1. Manaz

10. Algiz   9. Ehwaz   8. Inguz   7. Nauthiz   6. Perth

15. Teiwaz   14. Kano   13. Jera   12. Wunjo   11. Fehu

20. Raido   19. Hagalaz   18. Laguz   17. Ehwaz   16. Berkana

25. Odin   24. Sowelu   23. Isa   22. Dagaz   21. Thurisaz

* Bei der Interpretation der Runen folge ich der Systematik
BLUMS, die noch eine weitere Rune, die leere Rune, enthält.

1. Das Selbst *(Manaz)*

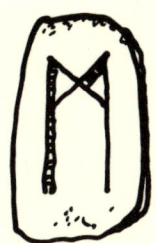

Schlüsselwort: »Spiegel«

Symbol: Bogen (Halbkreis)

Die altgermanische Bedeutung des Selbst weist auf den Menschen. Diese Rune steht deshalb für den Menschen an sich. Darauf deutet auch die altenglische Bedeutung von »man« hin. Innerhalb der einzelnen Runenlegesysteme nimmt *Manaz* immer eine zentrale Stellung ein. Man kann annehmen, daß sie innerhalb des germanischen Weltbildes auch den Menschen im Unterschied zu den Göttern symbolisierte.

»Das Selbst« ist eine der wichtigsten Runen. Wird sie bei einer Fragestellung gezogen, so ist damit eine eindringliche Aufforderung verbunden. »Kommen Sie zu sich selbst, leben Sie nach Ihrer wahren Natur!« lautet die Botschaft dieser Rune. Bisher haben Sie sich nicht oder nur wenig mit Ihrem wahren Selbst befaßt. Sie waren damit beschäftigt, die Wünsche und Bedürfnisse anderer zu erfüllen, ohne sich darum zu kümmern, was Sie selbst brauchen, was Sie selbst wirklich wollen. Nun ist es an der Zeit, an die Verwirklichung der ausschließlich in Ihnen selbst verborgenen Möglichkeiten zu gehen. Wenn diese Rune fällt, fragen Sie sich, was Sie wirklich wollen. Die Rune *Manaz* zeigt Ihnen, quasi im Spiegel, daß Ihnen der Zugang zu Ihrer wahren Natur bisher versperrt war. Räumen Sie die Blockaden, die Hindernisse zur Seite, und fangen Sie mit Ihrer Selbstverwirklichung an.

Fällt diese Rune *umgekehrt* (auf dem Kopf stehend), so bedeutet das nichts anderes, als daß eine Sperre Sie auf dem Weg zu sich selbst blockiert. Irgend etwas steht Ihnen im Weg, möglicherweise sind Sie es sogar selbst. Oder haben Sie sich vielleicht zu sehr an anderen orientiert? Nun ist es wirklich an der Zeit, sich nach innen zu wenden und die anderen in Ruhe zu lassen. Was Sie an anderen stört, was diese an Ihnen nicht mögen, ist nichts weiter als das, was Sie bei sich selbst (noch) nicht zu sehen imstande sind. »Das Selbst« umgekehrt heißt auch: Sie haben bisher einige Eigenschaften, die Sie an sich nicht mochten, abgespalten und sich somit ein unvollständiges Selbstbild geschaffen. *Manaz* umgekehrt bedeutet gleichfalls: Machen Sie sich auf die Suche nach den ungeliebten Eigenschaften, integrieren Sie diese möglichst und werden Sie auf diese Weise wieder völlig Sie selbst. Es gibt keine »schlechten« Eigenschaften, sondern nur fehlgeleitete Energien.

2. Partnerschaft *(Gebo)*

Schlüsselwort: »Wegekreuzung«

Symbol: Ring (Kreis)

Gebo ist auch die Rune der Kreuzung. Hier überschneiden sich zwei bislang unterschiedlich verlaufende Wege. Das kann sich auf eine Vereinigung bestimmter Eigenschaften in Ihnen, die bisher getrennt waren, beziehen oder auch auf das Zusammentreffen zweier Menschen, die ab jetzt ihren Weg gemeinsam gehen.

Die Rune der Partnerschaft signalisiert, daß Sie dabei sind, sich wieder mit Ihren abgespaltenen Eigenschaften zu versöhnen und diese in Ihr Selbst zu reintegrieren. Ganzheit ist das Ziel dieser Partnerschaft. So etwas hat Ihnen bisher gefehlt. Nun ist es an der Zeit, dieses nachzuholen. Aber Achtung: Solch eine Partnerschaft ist auch ein Geschenk. Sie können sich nur darauf vorbereiten, sie jedoch nicht erzwingen.

Für diejenigen, die schon mit sich selbst im Einklang leben, weist *Gebo* auf eine Gemeinschaft mit anderen hin. Hier sind Leichtigkeit, Freiheit und etwas Distanz geboten, damit daraus ein wirklich gleichberechtigtes Nebeneinander erwachsen kann. Gute Partnerschaften zeichnen sich durch die Eigenständigkeit der Partner aus.

Das heißt: Lassen Sie den anderen, so wie er oder sie ist, und versuchen Sie nicht zu manipulieren, sondern wecken Sie Ihrerseits die verborgenen Kräfte im anderen.

Gebo in umgekehrter Form gibt es nicht.

3. Signale *(Ansuz)*

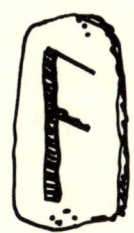

Schlüsselwort: »Empfangen«

Symbol: Licht

Ansuz ist die Signalrune. In der altenglischen Runenfassung ähnelt sie einer stilisierten Fahne. Mit solchen Wimpeln und Flaggen wurden einstmals Signale über weite Entfernungen gesendet. Fahnen waren aber auch Erkennungszeichen der Zugehörigkeit.

In der heutigen Zeit spielen Signale eine große Rolle in unserem Leben. Im Straßenverkehr warnt die rote Ampel: Es droht Gefahr! und zwingt uns zum Anhalten. Hier wird das Signal durch die Farbe Rot, auf die wir sehr emotional reagieren, noch verstärkt. Oder bestimmte Verkehrszeichen hindern uns an der Weiterfahrt beziehungsweise machen uns auf Straßensituationen aufmerksam. Wir haben uns daran gewöhnt, mit solch einfachen Symbolen und Signalen zu leben und mit ihnen umzugehen. Doch die Runen sind mehr als diese Art von Signalen. Sie enthalten mehrere, verborgene Signalbedeutungen, die wir uns erst durch Nachdenken und Intuition erschließen müssen.

In unserer schnellebigen Zeit haben wir verlernt, auf feinere Signale zu achten. Im Gegenteil:

Wir überhören sie sogar oftmals, zum Beispiel jene unseres Herzens, mit Absicht, weil wir glauben, momentan nicht darauf eingehen zu können. Nicht selten kann das, wie im Falle des Herzens, schwerwiegende Folgen haben. Herzstiche werden leichtfertig übergangen, statt dessen wird noch mehr gearbeitet, und dann . . .

Doch hier haben wir es nicht mit einfachen, funktionellen Signalen zu tun, sondern mit Gefühlen, die von unserem Herz ausgehen können und die wir oft geflissentlich ignorieren. *Ansuz* fordert uns auf: Gehe respektvoll mit dir selbst um. Höre auf das, was dir dein Körper mitteilen will!

Sind Sie bereit, die Signale, die Ihnen übermittelt werden, zu erkennen? Die Botenrune *Ansuz* verheißt Ihnen den Beginn eines neuen Lebens, wenn Sie die Zeichen der Zeit richtig zu deuten erlernen. Achten Sie um sich herum auf weitere solcher Hinweise.

Aber *Ansuz* sagt auch: Bisher waren Sie blind für diese Zeichen. Nun ist es an der Zeit, die Augen zu öffnen und wirklich zu sehen. Was Sie nun brauchen, ist Wachheit aller Ihrer Sinne, um die vielfältigen Signale um Sie herum sehen und – was noch viel wichtiger ist – auch danach zu handeln.

Richtig erkannte Signale sind der Schlüssel zum Glück. So wie eine rote Ampel die Aufforderung zum Anhalten signalisiert, so kann *Ansuz* Sie veranlassen, Ihre Pläne neu zu überdenken. Halte inne und werde ruhig! Achte auf alles, was sich in dir regt und was es dir sagen will. Wechselt die Ampel aber auf Grün, dann ist volle Fahrt voraus angesagt. Dann sollte man nicht mehr lange darüber nachdenken, was jetzt zu tun sei, sondern intuitiv handeln.

Fällt die Rune *umgekehrt* (auf dem Kopf stehend), heißt es, innezuhalten und aufzupassen. Sie scheinen die Zeichen der Zeit noch nicht richtig erkannt zu haben. Wahrscheinlich haben Sie ein Signal übersehen. Denken Sie daran: Alles, was Ihnen geschieht, hat seine tiefere Bedeutung. Mit einigem Nachdenken können Sie vielleicht herausfinden, was diese Zwangspause zu bedeuten hat und worin ihr Sinn besteht. Manchmal glauben wir, in solchen Situationen gescheitert zu sein; aber in Wirklichkeit war es die notwendige Voraussetzung für das, was danach kam und was besser war als das, was wir vermeintlich schon hatten. Geben Sie nicht auf! *Eine viel günstigere Gelegenheit wartet auf Sie!*

Der tiefere Sinn der umgekehrten Rune *Ansuz* offenbart sich uns oftmals erst später, wenn uns ersichtlich wird, weshalb es besser war, daß es nicht gleich weiterging. Hinter dem Scheitern einer Möglichkeit lag schon der Keim zu einer neuen Chance.

4. Trennung *(Othila)*

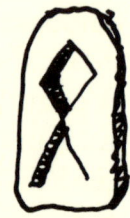

Schlüsselwort: »Loslassen«

Symbol: Punkt

Othila ist die Rune des Großreinemachens, des Aufräumens. Wird sie gezogen, so deutet alles darauf hin, daß es an der Zeit ist, sich einmal genauer zu überlegen, was man alles braucht und was nicht. *Othila,* die große Wachrüttlerin, möchte Sie darauf aufmerksam machen, daß es zuviel wird.

Stellen Sie sich einmal vor, Sie würden vor Ihrem Kleiderschrank stehen und einen Blick hineinwerfen. Was sehen Sie? Platzt er schier aus »allen Nähten«? Können Sie nichts wegwerfen, sich von keinem Rock und keiner Hose trennen?

Fangen Sie an aufzuräumen. Unterscheiden Sie zwischen Kleidungsstücken, die Sie unbedingt behalten möchten, weil Sie sie wirklich brauchen, denen, die Sie behalten möchten, weil Sie sie lieben (auch wenn Sie sie nie anziehen), und denen, die Sie schon seit Jahren nicht mehr tragen. Sortieren Sie sie zu ein paar Bündeln und schenken die überflüssigen Teile jenen, die damit noch etwas anzufangen wissen.

Nun haben Sie Platz für Neues.

Vielleicht übertragen Sie die Inventur des Kleiderschranks auf andere Lebensaspekte. Sie werden dabei auf interessante Nebeneffekte stoßen: Wer anfängt, seinen Schrank oder seinen Schreibtisch in Ordnung zu bringen, der stellt nach einiger Zeit überrascht fest, daß auch in seinem Kopf einige »Sortiervorgänge« vonstatten gingen, und zwar ohne daß er es so recht zur Kenntnis nahm. Hier gilt der alte Spruch: »Wie außen, so innen.«

Diese Rune zeigt an, daß Ihnen Trennungen schwerfallen. Halten Sie an etwas fest, was Sie eher behindert als Ihnen hilft? Vielleicht brauchen Sie es nun nicht mehr.

Othila versinnbildlicht die radikale Trennung. Sie weist auf ein tieferes Bedürfnis nach Eigenständigkeit hin. Lassen Sie los, lautet ihre Botschaft. *Othila* ist die Rune der Freiheit. Ohne Rücksicht auf alte Autoritäten, Vorbilder oder andere Meinungen sollten Sie sich fragen, was Sie tatsächlich wollen.

Erst wenn Sie das Alte abgeworfen haben, können Sie wirklich zu dem werden, was Sie sind und was in Ihnen angelegt ist.

Fällt diese Rune *umgekehrt* (auf dem Kopf stehend), kann sie eine Besinnung andeuten, eine Überprüfung Ihrer bisherigen Beziehungen. Leben Sie wirklich so, wie Sie es gerne möchten?

Othila ist in beiden Stellungen die Rune der Selbständigkeit. Sie macht Sie darauf aufmerksam, daß Sie sich nur auf sich selbst besinnen und ver-

lassen sollten. Vielleicht prüfen Sie bei dieser Gelegenheit auch einmal, warum Sie sich an andere
binden, was Sie zu anderen hinzieht. Ist es nicht
oft nur die Angst vor der Einsamkeit?

Othila sagt: Erst wer mit sich selbst zufrieden
und im Einklang lebt, kann ein gleichberechtigter
Partner für andere sein.

5. Kraft *(Uruz)*

Schlüsselwort: »Energie«

Symbol: Feuer

Uruz ist eine der »Urrunen«. Man kann in ihrem Zeichen noch heute den aufrecht stehenden Stier erkennen, wenn man sich den Kopf dazu denkt. Der Auerochse oder Ur zählte zu den ersten Tieren, die von unseren Vorfahren domestiziert wurden. Damit machte man sich die wilde, bis dahin ungezähmte Energie zunutze, die in diesem Tier steckte.

Vielleicht gehören Sie auch zu denjenigen Menschen, die über ungeheure Kräfte verfügen, sie aber nicht gebändigt einsetzen können. Dabei geht es bei weitem nicht (nur) um pure Körperstärke, sondern vielmehr um inneres Potential. Da gibt es Menschen, die seit Jahren in einem ungeliebten Beruf ausharren, weil sie sich davor fürchten, etwas Neues anzufangen, und die dabei gar nicht merken, welche Begabungen und verborgenen Möglichkeiten nur darauf warten, entdeckt zu werden. *Uruz* ruft Ihnen zu: »Vertrauen Sie auf Ihre innere Stärke.« Aber denken Sie auch daran: Stärke entwickelt sich nur, wenn sie gefordert wird; sie wächst mit den Aufgaben, die man an sie stellt.

Diese Stärke kann gleichwohl am falschen Ort und zum verkehrten Zeitpunkt eingesetzt werden, indem man seine Kräfte für unnütze Sachen vergeudet. Das ist so, als würde man einen hochtourigen Sportwagen immer nur im ersten Gang fahren oder in einer Zeit zunehmenden Umweltbewußtseins eine überdimensionierte, benzinfressende Luxuslimousine konstruieren, die letztlich in einem Museum endete. Konzentrieren Sie Ihr Potential auf die richtige Sache?

Uruz ist die Rune der ungebändigten Energie. Sie weist Sie darauf hin, daß Sie über ungeahnte innere Kraftquellen verfügen. Diese Stärke gilt es anzuzapfen, auszunutzen und . . . zu lenken. Nur die gezähmte Energie können Sie für sich wirksam werden lassen.

Sie beherbergen tief in Ihrem Innern einen unermeßlichen Schatz an purer Stärke, die Sie bislang noch nicht einmal zu einem Bruchteil verwendet haben. Wenn Sie diese Quelle aktivieren, werden Sie das in Ihnen angelegte Potential überreichlich ausnützen können.

Sie ist unerschöpflich und unabhängig von Streß oder anderen Belastungen. Sie können immer wieder auf sie zurückgreifen, ohne daß diese Batterie sich je erschöpft. Wenn Sie sich trotzdem oft ausgebrannt und leer fühlen, dann nur deshalb, weil Sie Ihr Potential bislang noch gar nicht genutzt haben. Wenn Sie diese Quelle in sich »anbohren«, können Sie alles realisieren, was Ihnen an Plänen vorschwebt (sofern es sich um sinnvolle und nützliche Ziele handelt).

Fällt die Rune *umgekehrt* (auf dem Kopf stehend), ist es ein Zeichen dafür, daß Sie bislang Ihre Energie verschwendet haben. Erst wenn die Kraft in vernünftige Bahnen gelenkt wurde, kann sie ihren Segen entfalten. Unbeherrscht und ungeregelt richtet sie mehr Schaden als Nutzen an. Überlegen Sie genau, ob Sie Ihre Energien wirklich ganz ausnutzen und zu Ihrem Wohl einsetzen. Oder vergeuden Sie diese kostbare Quelle für allerlei Unnützes, für Dinge, an denen Ihnen gar nichts liegt? Wenn Sie diese Kraft für sich zähmen und sie auf Ihre tatsächlichen Bedürfnisse ausrichten, werden Sie so erfolgreich sein, wie Sie es sich im Moment noch gar nicht vorstellen können.

Haben Sie schon einmal überlegt, wieviel Kraft und Energie Sie im Alltag für relativ unwichtige Sachen aufbringen? Wieviel Ihres Potentials Sie für die Vermeidung von Langeweile, für sinnlose und sinnleere Arbeiten, die nur dazu dienen, die Zeit totzuschlagen, opfern?

Stellen Sie sich vor, Sie würden diese Kräfte für sich selbst, für die Entwicklung Ihrer Persönlichkeit, für Ihr eigenes Weiterkommen, egal, in welchem Bereich, verwenden.

Was könnte dann aus Ihnen noch alles werden?
Uruz möchte Ihnen zeigen, daß Sie die Kraft dazu
haben!

6. Initiation *(Perth)*

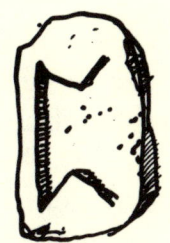

Schlüsselwort: »Ritual«

Symbol: Blut

Perth ist die Rune der Einweihung. Sie macht Sie darauf aufmerksam, daß es an der Zeit ist zu überlegen, wie Sie Ihre Zukunft gestalten wollen. Aber Vorsicht: Hier ist von Tun ohne wirklichem Handeln die Rede. Das heißt: Denken Sie nach, aber werden Sie nicht aktiv! Spielen Sie alles in Gedanken durch; erleben Sie alles noch einmal, was hinter Ihnen liegt; versuchen Sie sich vorzustellen, was Sie erwartet, und dann lassen Sie alles los.

Sie werden davon ausgehen können, daß Ihnen in der nächsten Zeit vieles gelingt. Doch geht es hier nicht um materielle Erfolge, sondern um innere Werte, die Sie weiterbringen werden. Können Sie sich von der äußeren Welt lösen und in Ihrem Inneren das erkennen, worauf es wirklich ankommt? Sind Sie innerlich frei?

Diese mächtige Rune zeigt Ihnen an, daß es Arbeit für Sie gibt: Arbeit an Ihrer Einstellung, Arbeit an Ihrem Selbstbild, Arbeit an allem, was Sie wirklich an sich schätzen.

Perth ist die Rune der Einweihung in ein verborgenes Geheimnis. Sie sind angehalten, sich Gedanken darüber zu machen, ob Sie sich auf dem

richtigen Weg befinden. Sie stehen sozusagen an
der Schwelle, auf der Kreuzung, und müssen zu
einem Entschluß kommen, wohin Sie sich wenden
wollen. Achten Sie nun darauf, daß Sie sich für
den richtigen Weg entscheiden. Wissen Sie, was
Sie wollen? Sind Sie sicher, daß die Richtung
stimmt, oder sollten Sie noch einmal eine Kurskorrektur vornehmen?

Noch ist es Zeit dazu. Vor Ihnen liegt die Möglichkeit, den Weg der persönlichen Weiterentwicklung zu betreten. Wenn Sie auf ihn ein-
schwenken, werden Sie wachsen.

Fällt die Rune *umgekehrt* (auf dem Kopf stehend), so ist es wirklich an der Zeit, noch einmal
innezuhalten und sich die weitere Vorgehensweise genau zu überlegen. Halten Sie zu sehr an
bestimmten Sachen fest? Brauchen Sie ständig Sicherheit?

Das Schlüsselwort der Initiation ist »loslassen«.
Erst wenn Sie sich von allem befreit haben, was Sie
an diese Welt bindet, werden Sie jene Freiheit erleben können, die keine Sicherheit kennt, die aber
immer wieder jeden Tag neu erfahren werden
kann. Leben heißt: auf Risiken ohne Angst eingehen zu können.

7. Zwang *(Nauthiz)*

Schlüsselwort: »Fesseln«

Symbol: Kette

Nauthiz ist der große Lehrmeister. Diese Rune löst in uns einige Unruhe aus. Wenn *Nauthiz* gezogen wird, dürfen Sie sich auf einige Schwierigkeiten gefaßt machen, die zu nichts anderem dienen, als Ihnen beim persönlichen Wachstum behilflich zu sein. Leider vermögen wir diesen Aspekt des Zwanges nicht immer zu erkennen und neigen dazu, *Nauthiz* auszuweichen. Einige flüchten sich in Tagträume, andere in nutzlose Beschäftigungen, um die Langeweile ertragen zu können. Wieder andere stürzen sich in die Arbeit, um sich selbst nicht spüren zu müssen.

Vielleicht geht es Ihnen auch öfters so wie mir bei der Arbeit an diesem Buch. Gerade zu Beginn kamen mir immer wieder Gedanken in die Quere, die mich an meiner Konzentration hinderten. Wenn ich am Schreibtisch saß, dachte ich mit einemmal an alle möglichen Dinge, die ich eigentlich noch hätte erledigen müssen. Da lag ein Brief, dessen Beantwortung schon längst überfällig war; da war das Buch, das ich eigentlich vor dem Schreiben hätte lesen müssen; da war die innere Stimme, die in immer neuen »Varianten« auf mich einredete, um mich vom Schreiben abzuhalten. Nichts anderes als Stehvermögen ist hier gefordert. Die Botschaft von *Nauthiz* heißt: Erledige deine Arbeit, und zwar so gut, wie du im Moment dazu imstande bist.

Nauthiz ist die Rune des starken Zwanges. Sie besagt, daß wir uns zwingen sollen, Unangenehmes auszuhalten. Hier geht es darum, hinter widrigen Situationen den tieferen Sinn erkennen zu können. Es gilt, seine Arbeit trotz aller Schwierigkeiten zu vollenden. Einsicht in die Notwendigkeit ist vonnöten.

Wir neigen immer wieder dazu, uns diesen Zwang mit allerlei Ausreden vom Leibe zu halten, ihm auszuweichen. Aber Vorsicht: Eine solche Vorgehensweise kann hier mehr schaden als nutzen. Auf unserem Weg der Weiterentwicklung, des Wachstums, ist Disziplin gefordert. Es geht hier nicht darum, irgendwelche Gelüste zu befriedigen, sondern darum, zu wachsen und zu gedeihen. Und zwar nicht in eine beliebige Richtung, sondern auf eine bestimmte Weise. Wir werden angehalten, den tieferen Sinn im Zwang erkennen zu können. Der Zwang lehrt uns, Beschränkungen nicht als Stockungen, als Behinderungen zu erleben, sondern als weiterbringende Möglichkeiten. Er lotst uns ein Stück unseres Lebensweges, und manchmal ist es ratsam, sich seiner Führung zu unterwerfen, weil wir dann erkennen werden, wozu es gut war.

In jeder Beschränkung, die unseren Weg der Weiterentwicklung einengt, liegt eine Kurskorrektur verborgen, die uns zum richtigen Ausgangspunkt zurückleitet. Je mehr Zwang Sie erleben, desto größer werden die Fortschritte sein, die sich daraus für Sie ergeben.

Fällt die Rune *umgekehrt* (auf dem Kopf stehend) aus, so werden wir aufgerufen, uns noch einmal zu besinnen. Hören Sie auf, sich dem Zwang zu widersetzen. Je mehr Sie dagegen ankämpfen, desto tiefer verstricken Sie sich in seinen Fängen. Sie verleugnen etwas in sich, aber was? Nutzen Sie den Zwang, um es zu erkennen, und lassen Sie es dann los! Was immer es ist, es dient dazu, Sie auf den richtigen Weg zu bringen. Erkennen Sie hinter der Maske des Zwanges, der Beschränkung, den Hinweis auf den Weg, der hinter der Biegung auf Sie wartet.

8. Fruchtbarkeit *(Inguz)*

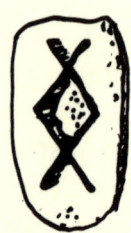

Schlüsselwort: »Geburt«

Symbol: Ei

Inguz ist die Rune der Fruchtbarkeit, des sicheren Wachstums. *Inguz* zeigt Ihnen an, daß die Welt darauf wartet, daß Sie Ihre Ideen, die in Ihnen angelegten Potentiale, Talente und Begabungen zum Ausdruck bringen. Alles, was Sie dazu brauchen, steckt in Ihnen; nichts fehlt. In jeder Zelle Ihres Körpers ist es schon angelegt. Sie haben nichts anderes zu tun, als es zum Wachsen zu bringen. Wie viele Ideen verbergen sich unentdeckt in Ihrem Kopf? Wie viele Dinge warten nur darauf, erledigt, wie viele Ideenkeime, gesät zu werden?

Ihr Gehirn besteht aus mehr als fünfzehn Milliarden Zellen, die Sie bisher nur zu einem verschwindend geringen Teil zu nutzen vermochten – wozu haben Sie die eigentlich bekommen? Die stehen doch förmlich in Bereitschaft, um endlich einmal richtig aktiviert zu werden! Sie werden noch staunen, zu was Sie alles in der Lage sind, wenn Sie nur erst anfangen. Pflanzen Sie jetzt den Keim für Ihre Befreiung.

Inguz ist die Rune der Schöpfung, der Befruchtung, des Wachstums. Es gilt, den Keim für Ihre Befreiung zu säen. *Inguz* fordert Sie auf, endlich zur Tat zu schreiten, den Samen in den Boden zu legen, ihn mit etwas Erde zu bedecken und dann zu pflegen.

Vielleicht ist es an der Zeit, daß Sie den Boden vorbereiten, um Ihre Ideen, die schon lange in Ihnen gekeimt sind, nun endlich zu pflanzen, sie zu pflegen und ihre Weiterentwicklung zu überwachen. Fangen Sie an. Auch die beste Idee kann verkümmern, wenn sie nicht im passenden Moment ausgebracht wird. Vielleicht ist nun der Augenblick gekommen, daß Sie Ihre langgehegten Pläne auch verwirklichen. *Inguz* bedeutet: Tun Sie es, die Zeichen dafür stehen günstig. Ihre Aktionen werden fruchtbar sein und reiche Ernte einbringen, wenn Sie sich um sie kümmern, sie hegen und pflegen und ab und zu von lästigem Unkraut befreien.

Inguz in umgekehrter Form gibt es nicht. Nichts kann Sie behindern, wenn Sie diese Rune ziehen. Aber handeln müssen Sie selbst!

9. Abwehr *(Eihwaz)*

Schlüsselwort: »Kampf«

Symbol: Widerhaken

Eihwaz ist die Rune der Abwehr. Sie weist darauf hin, daß Sie damit rechnen müssen, etwas in Ihrem Innern zu entdecken, das Sie behindern kann. Möglicherweise haben Sie noch Angst vor dem Neuen, das Sie erwartet. Trauen Sie sich vielleicht selbst noch nicht so richtig über den Weg? Tief in Ihnen sind Kräfte am Werk, Persönlichkeitsanteile, die mit Ihren anderen Eigenschaften um die Vorherrschaft ringen. Nicht alles in Ihnen ist vernünftig und überlegt. Es gibt auch lustbetonte Aspekte, die sich weigern, an Ihrer Weiterentwicklung mitzuwirken, weil ihnen Arbeit zuwider ist. Andere sind einfach nicht bereit, dann und wann zurückstehen zu müssen. Sie drängen nach vorne, weil sie Angst haben, in den Hintergrund verbannt zu werden. In Ihnen tobt ein Orchester Ihrer persönlichen Eigenschaften, und davon möchte jede die erste Geige spielen. Aber das geht nicht. Nur einer kann dieses Chaos bändigen und die vielen Solisten zu einem Klangkörper vereinigen: der Dirigent. Und der sind Sie!

Wenn *Eihwaz* gezogen wird, ist Vorsicht angebracht. *Eihwaz* gibt Ihnen zu verstehen, daß Sie nun etwas aufpassen sollen. Vielleicht sollten Sie Ihre ausgebrachte Saat einzäunen, um sie vor Mißbrauch zu schützen.

Eihwaz ist die Rune der Abwehr, der Verteidigung. Aber Sie brauchen nichts zu befürchten. Sie sind ja gewarnt worden und können nun Gegenmaßnahmen ergreifen. Lassen Sie sich nicht von Ihrem Weg ablenken, sondern richten Sie es so ein, daß jedes Hindernis, auch wenn es von innen kommt, zu Ihrem Wachstum, zum Gedeihen Ihrer Pläne, beiträgt. Sie sind vorbereitet; tun Sie nun alles, um die Angriffe zurückzuschlagen.

Eihwaz ist auch die Rune der Prüfung. Je mehr Prüfungen Sie auf Ihrem Weg bestehen, desto ausgiebiger werden Sie am Ende feiern könnten. Je schwerer die Prüfung ausfällt, desto größer Ihr Erfolg. Wer freut sich schon über eine leichte Prüfung? Sie ist kaum der Rede wert. Nur wer sich anstrengen mußte, um ein Ziel zu erreichen, wird es auch zu schätzen wissen.

Eihwaz in umgekehrter Form gibt es nicht.

10. Schutz *(Algiz)*

Schlüsselwort: »Rascheln«

Symbol: Binsengras

In alter Zeit bedeutete *Algiz* auch Riedgras oder
Binsen. Unsere Vorfahren meinten, diese Gräser
würden ihnen mit ihrem Rascheln anzeigen, wenn
ein Feind vom Wasser her sich näherte und das
Ufer betrat. Wer einmal allein durch einen dunklen Wald gegangen ist und auf das scharfe Knak-
ken am Boden liegender Äste geachtet hat, weiß,
daß solche Geräusche Hinweise sein können, Zeichen für eine eventuell drohende Gefahr.

Ähnlich verhält es sich mit bestimmten Gefühlen der Angst oder des Schmerzes. Auch sie sind
Fingerzeige unseres Körpers, Indizien für eine
Störung. Das Problem in unserer modernen Gesellschaft besteht darin, daß wir dazu übergegan-
gen sind, solche Zeichen zu ignorieren. Gefühle
haben derzeit keine Konjunktur, sie stören nur
das wissenschaftsgläubige Denken. Schmerzen
werden heute nur noch als störendes Element gesehen, das es mit entsprechenden Gegenmitteln zu
betäuben gilt. Nach dem Sinn des Schmerzes und
seiner lebensrettenden Funktion fragt kaum noch
jemand.

Die Rune *Algiz* ruft uralte Erkenntnisse in Ih-

nen wach. Sie können mit ihrer Hilfe wieder lernen, die Signale Ihrer Umwelt oder Ihres Körpers
zu beachten und nach ihnen zu leben. Für manche
bedeutet dies eine Verlängerung ihres Lebens,
denn ohne *Algiz* würden sie an den Folgen der
Mißachtung dieser Signale sterben.

Algiz ist die Rune der bewußt akzeptierten
Angst. Mit anderen Worten: Versuchen Sie nicht
Ihren Gefühlen zu entfliehen, sondern bleiben Sie
bei ihnen. Angst bewußt zu erleben bedeutet,
einen Schutz zu haben. Aber wie bei allem geht es
auch hier um die Ausgewogenheit. Zuviel schadet
ebenso wie zuwenig. Es liegt in Ihrer Hand, das
rechte Maß für sich zu finden. Nur Sie allein können wissen, wieviel Ihnen guttut. Nehmen Sie die
Angst an, versuchen Sie nicht, vor ihr davonzulaufen. Beobachten Sie sie, und fragen Sie sich, was sie
ausdrücken will. Wo läuft etwas falsch in Ihrem
Leben?

Fällt die Rune *umgekehrt* (auf dem Kopf stehend), so kann dies als Hinweis verstanden werden, daß die Angst (noch) verleugnet wird. Vielleicht sind Sie noch nicht in der Lage, den
Schutzaspekt der Emotion zu erkennen. Sie ergreifen immer noch die Flucht – wovor?

11. Besitz *(Fehu)*

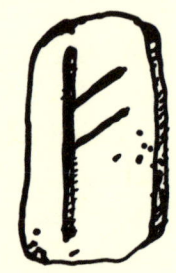

Schlüsselwort: »Eigentum«

Symbol: Haus

Früher war *Fehu* die Rune des Viehs. Sie symbolisierte den Besitz von Gütern und Lebewesen, kurz: von allem, was seinem Eigentümer Wohlstand garantierte. Heute wird Fehu anders interpretiert. Unser eigentlicher Reichtum gründet sich nicht auf der Ansammlung materieller Vermögen, sondern auf der Weiterentwicklung unserer Persönlichkeit. Zwar verheißt *Fehu* auch Gewinn und Profit, aber Sie bekommen nur das, was Ihnen sowieso schon lange zustand. Der eigentliche Lohn Ihrer Mühen aber liegt ganz woanders: Sie können zwar wieder Freude empfinden über diese Geschenke, doch ohne sie kommen Sie auch gut zurecht. In dem Moment, in dem Sie sich vom materiellen Reichtum lösen, geschieht etwas Paradoxes: Nun erhalten Sie alles, was Sie sich schon lange gewünscht haben.

Fehu wird auch die Rune der Erfüllung genannt. Sie zu ziehen bedeutet, einen großen Schritt der Persönlichkeitsentwicklung weitergekommen zu sein. *Fehu* zeigt Geschenke, Überraschungen, Reichtum an. Aber Vorsicht: Fragen Sie sich, was Sie wirklich brauchen! Vielleicht sind Sie noch zu sehr der materiellen Welt verhaftet.

Doch der Erfolg, der Ihnen nun bevorzustehen scheint, bietet auch die Möglichkeit, mit anderen zu teilen. In dem Maße, wie Sie sich von der materiellen Welt lösen, in dem Umfang werden Sie einen ganz anderen Reichtum kennenlernen. Dieser Schatz wartet schon lange darauf, gehoben zu werden. Er liegt direkt vor Ihrer Nase: Er verbirgt sich in Ihnen!

Wenn Sie ihn in Händen halten, brauchen Sie nicht mehr nach materiellen Gütern zu streben. Die Sucht, das Rennen um den Erfolg, der Ehrgeiz, besser als die anderen zu sein, hat dann sein Ende gefunden. All das verblaßt angesichts dessen, was Sie in sich selbst entdecken können. Der eigentliche Reichtum dieser Welt existiert in den Herzen und Köpfen ihrer Bewohner.

Doch *Fehu* gibt es auch *umgekehrt* (auf dem Kopf stehend): Was hindert Sie daran, das Ihnen Dargebotene anzunehmen? Vielleicht können oder wollen Sie noch nicht daran glauben, daß die Jagd nach Ruhm und Vermögen zu Ende sein soll. Dabei ist es doch so einfach: Alles, was Sie benötigen, haben Sie schon. Es wurde Ihnen mitgegeben. Sie tragen es schon seit Ihrer Geburt in sich herum.

Fällt *Fehu* also umgekehrt, macht sie Sie darauf aufmerksam, daß Sie noch lernen müssen. Ihr

Weg zur Weisheit ist noch nicht zu Ende. Sie haben noch ein paar Lektionen vor sich, die Ihnen den »letzten Schliff« geben. Werden Sie wach. Machen Sie sich bewußt, was Sie noch brauchen. Achten Sie besonders auf Enttäuschungen. Sie sind die Wegweiser zum Erfolg!

12. Freude *(Wunjo)*

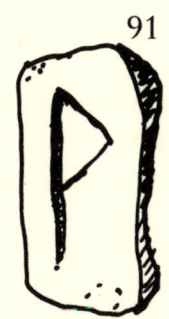

Schlüsselwort: »Tanz«

Symbol: Blumen

Wunjo ist die Rune der Freude, des vorbehaltlosen Akzeptierens dessen, was ist und was sein wird. Sie signalisiert Ihnen, daß Sie endlich angekommen sind. Wunjo kann auch als Zeichen gesehen werden, daß Sie zu sich selbst gefunden haben, daß Sie gerade dabei sind, Ihren eigenen Wert, Ihre Fähigkeiten zu schätzen.

BLUM schreibt hierzu in seiner Runeninterpretation: »Diese Rune ist der fruchttragende Zweig. Die Zeit der Plackerei ist vorüber . . .«

Wenn Sie *Wunjo* ziehen, können Sie davon ausgehen, daß Sie den richtigen Weg eingeschlagen haben. Behalten Sie ihn bei, *Wunjo* verheißt Ihnen die Herstellung einer Verbindung zwischen bislang in Ihnen widerstreitenden Kräften.

Wunjo ist die Rune der Wahrheit. Nun haben Sie eine wichtige Wegmarke erreicht und allen Grund, sich zu freuen. Wunjo ruft Ihnen zu: Entdecken Sie die Freude in sich selbst. Sie sind dabei, eine alte Wahrheit neu für sich zu erschließen. Bleiben Sie sich selbst treu, dann kann überhaupt nichts schiefgehen.

Aber *Wunjo* in *umgekehrter* Lage (auf dem

Kopf stehend) besagt auch: Es scheint einiges zu
geben, das Sie behindert. Verschließen Sie nicht
die Augen. Nun ist Ehrlichkeit gefordert. Betrachten Sie Ihr Tun realistisch. Können Sie sich
nicht freuen über das, was geboten wird? Müssen
Sie immer alles negativ sehen? Was Sie nun brauchen, ist Geduld. Lassen Sie sich auf Ihrem Weg
durch nichts beirren. Alles ist eine Prüfung und
dient dazu, Sie weiterzubringen. Vergessen Sie das
nicht!

13. Ernte *(Jera)*

Schlüsselwort: »Korn«

Symbol: Brot

Jera ist die Rune der Ernte. Haben Sie sie gezogen, so bedeutet dies: Sie haben alles richtig gemacht und werden nun dafür belohnt. *Jera* sagt auch: Es gibt keine falschen Wege – alles, was Sie tun, dient einem höheren Zweck. Wenngleich Sie sich im Moment vielleicht fragen mögen, ob Ihre Vorgehensweise in jeder Beziehung in Ordnung ist – seien Sie beruhigt. Später werden Sie erkennen können, daß alles seinen Sinn hatte und folglich notwendig war. Wo Sie heute stehen, dorthin sind Sie durch Ihre Bemühungen hingelangt, und diese schließen auch die sogenannten »Umwege« mit ein. Sie sind ebenfalls richtige Wege zum Ziel. Sie gehören zum Leben.

Bald werden Sie den Lohn für Ihre Plackerei erhalten. Sie scheinen sich nun für den richtigen Weg entschieden zu haben. Nach dem Ziehen von *Jera* können Sie sich darauf vorbereiten zu ernten. Aber denken Sie stets daran: Bevor es soweit ist, müssen der Boden gedüngt, die Saat ausgebracht, das Saatgut gewässert und das Unkraut gejätet sein. Alles dauert seine Zeit. In welcher Phase der Erntevorbereitung stecken Sie?

Wenn die Zeit reif ist, werden Sie eine reiche Ernte einfahren können. *Jera* in umgekehrter Form gibt es nicht.

14. Öffnung *(Kano)*

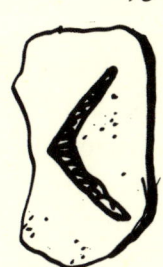

Schlüsselwort: »Weite«

Symbol: Himmel

Kano ist die Rune der Öffnung, des Geburtsvorgangs. Sie werden aufgefordert, Vertrauen in Ihr Selbst, in Ihre Fähigkeiten, mit den Widrigkeiten des Lebens fertigzuwerden, zu entwickeln.

Jedoch geht dieser Vorgang langsam vonstatten. Sie beginnen zunächst mit einem kleinen Spalt, der sich dann stetig weitet, bis Sie sich vollends geöffnet haben.

Sich öffnen heißt gleichfalls: sich zu stellen, ohne befürchten zu müssen, verletzt zu werden. Indem Sie darauf bauen, alles bewältigen zu können, bleiben Sie geschützt.

Doch es kommt auch auf den richtigen Zeitpunkt an. Haben Sie genügend Vertrauen in die eigenen Fähigkeiten, in das eigene Selbst? Können Sie sich im wahren Wortsinn »auf sich selbst verlassen«?

»*Kano* ist die Rune für den Morgen voll Aktivität«, schreibt RALPH BLUM. Sie steht für Ernsthaftigkeit, für Klarheit und Konzentration. So wie *Kano* Sie im Straßenverkehr sicher durch eine Kurve leitet, vermag diese Rune im Alltag Ihrem Weg in ein neues, bewußtes Leben die Richtung zu weisen. Folgen Sie sich selbst, und Sie können keinen Fehler begehen.

Des weiteren ist *Kano* die Rune der kleinen Schritte. Wenn Sie das nächste Mal durch eine Kurve fahren, denken Sie daran: *Kano* fordert Sie auf, das Lenkrad eingeschlagen zu lassen, der Kurve zu folgen und ab und zu kleine Korrekturen vorzunehmen. Fahren Sie aber zu schnell oder gar mit ruckhaften Lenkbewegungen, werden Sie aus der Kurve getragen. *Kano* sagt Ihnen nichts anderes als: Setzen Sie einen kleinen Schritt vor den anderen, gleichen Sie dabei vielleicht ein klein wenig die Richtung aus, passen Sie Ihre Geschwindigkeit der Kurve an, und Sie werden diese sicher bewältigen!

Fällt die Rune *umgekehrt* (auf dem Kopf stehend), kann dies ein Zeichen sein, mit der Öffnung noch etwas zu warten, sie besser vorzubereiten, indem Sie Ihr Selbst und Ihre Fähigkeiten intensivieren, sie gründlicher untermauern. Vielleicht sollten Sie sich erst noch ein wenig Ihrem Selbst widmen, bis Sie sich stark genug fühlen. Die Wahl des richtigen Zeitpunkts spielt auch hier eine wichtige Rolle! In umgekehrtem Zustand weist *Kano* gleichfalls darauf hin, daß Sie noch nicht zu sich selbst gefunden haben. Möglicherweise verzetteln Sie sich noch in Äußerlichkeiten, die Sie von Ihrem wahren Weg ablenken.

Mit anderen Worten: Sie sind dabei, ein wenig

Ihre Richtung zu verlieren. Kleine Korrekturen
sind vonnöten, keine abrupten Bewegungen. Und
noch etwas: Behalten Sie auf jeden Fall diese Richtung bei.

15. Krieger *(Teiwaz)*

Schlüsselwort: »Geist«

Symbol: Pfeil

Hier geht es um einen ganz besonderen »Krieger«
oder Kämpfer: nämlich um den Krieger unseres
Selbst. Das bedeutet, wir haben es hier mit einem
geistigen Widersacher gegen die beschränkenden
Kräfte unseres eigenen Geistes zu tun. Wir kämp-
fen gegen die uns innewohnenden Kräfte, welche
danach trachten, die Weiterentwicklung unseres
starken Selbst(-bewußtseins) zu verhindern beziehungsweise einzuschränken.

Das kann das Verhaftetsein an materielle Dinge,
das eigene Glück, das Fortkommen, den Ehrgeiz
ebenso sein wie das unbewußte, zu nichts anderem als uns an irdische Reichtümer bindende Leben. Die aufrecht stehende Kriegerrune deutet
darauf hin, daß es nun an der Zeit ist, sich von diesen Dingen zu verabschieden, um wirklich weiter-
zukommen. Wir entwickeln unser Selbst(-be-
wußtsein) dahingehend, daß wir nicht mehr den
Kleinigkeiten, die uns alltäglich beschränken, ver-
pflichtet sind, sondern uns von diesen Dingen frei
machen. Frei für den wahren Höhenflug unseres
Geistes.

Wer *Teiwaz* zieht, kann nun sein Selbst entwik-

keln, kraftvoll und ohne Angst. Er weiß, daß er immer das Richtige tun kann, im Vertrauen auf seine
Kräfte, die ihm die Richtung angeben.

Teiwaz ist die Rune des Lebens mit der Angst
und nicht eines Daseins ohne sie. *Teiwaz* zeigt Ihnen, daß die Angst zum Leben gehört; wir müssen
uns ihr stellen, wir dürfen nicht länger vor ihr da-
vonlaufen. Doch wir sollten die Kriegerrune auch
nicht mißverstehen: Es geht hier nicht um einen
Kampf gegen die Angst – dieser wäre sinnlos –,
sondern um deren Annahme als *eine* Persönlich-
keitseigenschaft. Wir sind nicht die Angst, sondern
wir haben sie. Wenn Sie einen Vortrag halten müssen, und Sie haben davor Angst, dann laufen Sie
nicht weg, sondern stellen sich dieser Aufgabe.
Und in dem Moment, in dem Sie zu reden angefangen haben, bemerken Sie, daß die Angst nachläßt.
Laufen Sie aber vor ihr weg, indem Sie auf den Vortrag unter fadenscheinigen Gründen verzichten,
wird die Angst anwachsen, Sie vielleicht sogar
überwältigen.

Nehmen Sie Ihre Ängste an, aber lassen Sie sich
von ihnen nicht beherrschen. Fragen Sie sich: Was
will diese Angst mir mitteilen? Versuchen Sie, diese
Botschaft richtig zu deuten. Angst weist immer auf
ein Bedürfnis hin. Finden Sie heraus, was Sie brauchen. Und denken Sie dabei daran, daß nur Sie
selbst es sich zu geben imstande sind. Keine Forde-
rungen an andere stellen, sondern an sich selbst.

Fällt *Teiwaz* aber *umgekehrt* (auf dem Kopf
stehend), dann ist es wirklich an der Zeit, endlich
mit der Entwicklung des fehlenden Vertrauens in
die eigenen Fähigkeiten zu beginnen. Die umgekehrte Rune signalisiert, daß es Arbeit gibt, Arbeit
am eigenen Selbst, das darauf wartet, zu voller
Größe heranzuwachsen und seine Kräfte zeigen
zu können.

Die umgekehrte Rune zeigt an, daß Sie gleich
jetzt an sich selbst zu arbeiten beginnen sollten,
und zwar im Sinne eines geistigen Kriegers, der
sich nicht mit äußeren Feinden herumschlägt,
sondern der weiß, daß sein Kampf dem begrenz-
ten eigenen Selbst gilt.

16. Wachstum *(Berkana)*

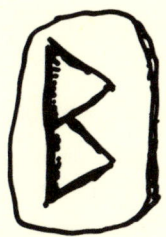

Schlüsselwort: »Wachsen«

Symbol: Baum

Berkana, die Birke, war in alter Zeit ein Symbol für starkes Wachstum, sogar unter widrigen Umständen. Die Birke bezieht alles, was sie an Nahrungskräften braucht, über ihre Wurzeln aus dem sandigen Untergrund, und selbst im Moor wird sie mit dem sauren Boden fertig, auf dem sie zu wachsen gezwungen ist. Auch der Wind vermag ihr nichts anzuhaben, sie ist geschmeidig und biegsam. Ihre Rinde diente Generationen von Menschen in aller Welt als Baumaterial für Boote, die wildeste Flüsse zu überwinden halfen. Sie waren gleichzeitig leicht und doch stabil. War der Fluß bezwungen, so konnte man das Boot schultern und tragen.

Berkana ist die Rune der Weiterentwicklung. Wer sie zieht, kann gewiß sein, daß ihm nun ein großer Sprung im persönlichen Fortschritt, im eigenen Wachstum gelingen wird. *Berkana* symbolisiert jenen Baum, der sich im Sturmwind biegt, jedoch nicht bricht, der den Unbilden der Natur auf elegante Weise trotzt. Die Birke vermag den nachteiligsten Bodenbegebenheiten noch etwas Positives abzugewinnen. Sie filtert und scheidet schlechte Nahrungsbestandteile aus und wächst dabei.

Wer die Rune *Berkana* zieht, weiß, daß man auch aus den schlechtesten Ausgangsbedingungen noch etwas machen kann. Auch Behinderungen sind kein großes Problem. Orientieren Sie sich an der Birke, die sich auch bei starkem Wind geschmeidig biegt, ohne zu brechen, und sich nach dem Sturm wieder aufrichtet.

Fällt *Berkana umgekehrt* (auf dem Kopf stehend), so sollten Sie überprüfen, was Ihre Anpassungsfähigkeit zur Zeit behindert oder einschränkt. Vielleicht ist da etwas, das zunächst Ihrer Aufmerksamkeit bedarf, das Sie am Weiterkommen hemmt. Möglicherweise muß erst ein Hindernis beiseite geschafft werden.

Vielleicht haben Sie aber auch nur Angst zu wachsen, befürchten Sie, den Widrigkeiten des Lebens (noch) nicht standhalten zu können. Lassen Sie sich nicht beirren, fördern Sie Ihr weiteres Gedeihen, indem Sie zuerst diese Blockaden aus dem Weg räumen. Danach werden Sie feststellen, wie Sie mit einemmal eine Beschleunigung Ihrer Entwicklung erleben. Sie machen einen Sprung nach vorn.

17. Bewegung *(Ewaz)*

Schlüsselwort: »Weg«

Symbol: Linie

Die Rune *Ewaz* versinnbildlicht den ständigen Prozeß der Bewegung. Wenn sie fällt, kommt Aktivität ins Spiel. Sie steht für das Voranschreiten, das Weiterkommen, den Fortschritt in Ihrer persönlichen Entwicklung. *Ewaz* ist auch die Rune der Freiheit, des Rechts, sich zu verändern.

Aber Achtung: *Ewaz* verlangt keine sinnlose, unüberlegte Aktivität, sondern eine Bewegung, die sich aus den Gegebenheiten entwickelt und sich in diesem Moment dem Fluß Ihres Lebens anpaßt. Ebensowenig geht es hier darum, sich einfach mitreißen zu lassen, mit dem Strom zu schwimmen oder sich einfach treiben lassen. Vielmehr ist die richtige Bewegung zur richtigen Zeit gemeint.

Die Veränderung, die langsame Einstimmung auf die Gegebenheiten Ihres Lebens – dies ist der eigentliche Königsweg der persönlichen Weiterentwicklung. Nur wer sich verändert, wer wächst, der ist imstande, die immer schwieriger werdenden Umweltbedingungen zu bewältigen. Hierbei kann es zwar zuzeiten notwendig sein, auch einmal innezuhalten oder sich gar bestimmten Ent-

wicklungen entgegenzustemmen, um sie abzu-
bremsen; im wesentlichen jedoch kommt es auf
die Bewegung an, auf das stetige Voranschreiten
von einem Punkt zum anderen.

Mal müssen die Schritte verkürzt, mal verlän-
gert werden, mal muß die Bewegung reduziert,
mal beschleunigt werden. Was auch immer, Sie
bestimmen die Gangart nicht allein, sondern sie
ergibt sich auch aus den jeweiligen Gegebenheiten. Ihnen sollte die Geschwindigkeit stets ange-
glichen sein.

Ewaz sagt auch: Lernen Sie, sich der Bewegung
in Ihrem Leben zu überlassen. Vertrauen Sie auf
Ihre inneren Kräfte, Ihre innere Uhr. Lassen Sie
sich von *dieser* Bewegung bis an Ihr Ziel tragen.

Fällt diese Rune *umgekehrt* (auf dem Kopf stehend), dann könnte eine Pause, ein Innehalten, an-
gezeigt sein. Möglicherweise waren Sie etwas zu
schnell. Vielleicht haben Sie etwas übersehen und
müssen nun noch einmal einen Schritt zurück machen.

Sind Sie sich Ihrer Geschwindigkeit bewußt?
Ist sie Ihren Gegebenheiten angepaßt oder eher
von Ihren eigenen Wünschen oder Träumen bestimmt?

18. Fließen *(Laguz)*

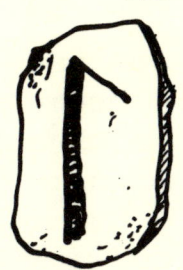

Schlüsselwort: »Fluß«

Symbol: Welle

Hier wird Ihnen die richtige Bewegungsme-
thode, die ideale Art Ihres Vorwärtskommens
gezeigt. Fließen ist die angemessenste Fortbewe-
gungsweise, die sich mit allen Widrigkeiten
kraftvoll auseinandersetzen kann. Der Fluß
(Ihrer inneren Kraft) wächst beständig an, mit jedem Anteil Ihrer Fähigkeiten, den Sie hinzufü-
gen. So wie ein kleiner Bach durch die stetige
Einmündung aus vielen Nebenrinnsalen an Umfang und Stärke gewinnt, so werden Sie mit jeder
hinzugefügten persönlichen Fähigkeit immer
kraftvoller.

Ein dergestalt mächtiger Strom kann Hindernisse entweder überschwemmen oder sie umflie-
ßen, wenn sie zu groß sind. Sie werden weiterkommen – auch dann, wenn sich Ihre Kraft
zunächst vor dem Hemmnis staut. Nichts kann
sich Ihnen in den Weg stellen.

Sollte die Rune *umgekehrt* (auf dem Kopf stehend) fallen, so scheint es ein paar kleine oder
große Blockaden auf Ihrem Weg zu geben. Dann
ergeht die Aufforderung an Sie, die verstreuten
Kräfte und persönlichen Fähigkeiten zu einem

mächtigen und kraftvollen Strom zu bündeln, um die Sperre durchbrechen zu können.

Sie sollten sich fragen, ob Sie wirklich mit konzentrierten Kräften zu Werke gehen, oder ob Sie sich in vielen Kleinigkeiten verzetteln. Setzen Sie Ihre Fähigkeiten tatsächlich sparsam und ökonomisch ein?

Stellen Sie sich einen kleinen Fluß vor, der einem großen Hindernis, einem Felsen, entgegenplätschert. Der sich davor staut, immer mehr anschwillt, bis seine Wellen den Felsen schäumend umspült haben und über ihn hinwegfließen.

19. Auflösung *(Hagalaz)*

Schlüsselwort: »Zerstörung«

Symbol: Blitz

Hagalaz ist eine der schwierigsten Runen überhaupt. Sie zeigt einen großen Umschwung, eine Selbstveränderung an. Aus dieser Sichtweise hat sie als positiv zu gelten. Aber wie so oft wird diese Selbstveränderung meistens durch etwas ausgelöst, das wir *so* noch nicht erkennen können oder wollen. Im Klartext heißt das: Wir müssen hinsichtlich unserer Pläne radikal umdenken. Allerdings im Sinne einer Botschaft, die uns sagen will: *Dies ist nicht der richtige Weg!*

Hagalaz will Sie nun darauf aufmerksam machen, daß Sie anscheinend noch zu sehr auf das Ergebnis konzentriert sind und weniger den Weg dorthin im Auge behalten. Anders ausgedrückt: In Ihrer Angelegenheit ist nicht das Ergebnis wichtig, sondern die Art und Weise, wie Sie es erreichen. Um Ihnen das begreiflich zu machen, sagt *Hagalaz* Ihnen: So geht es nicht weiter. Ihre Pläne erleiden Schiffbruch, Ihre Ziele scheinen unerreichbar, Ihr Streben bekommt einen Dämpfer.

Trotzdem sollten Sie nun weder Angst noch Verzweiflung spüren. Beides verdeckt lediglich die Tatsache, daß die Auflösung Ihrer derzeitigen

Pläne erforderlich für Ihr weiteres Wachstum ist. Sobald Sie sich von diesen Gefühlen befreit haben, werden Sie erkennen können, daß ein solcher Fingerzeig notwendig war, um Sie wieder auf den eigentlichen Weg zurückzuführen.

Hagalaz gibt es nur aufrecht, nicht umgekehrt. Lassen Sie sich nicht von dieser schwierigen Rune verunsichern – auch wenn es momentan den Anschein hat, als ob etwas schiefgehen würde. Warten Sie ein wenig, und Sie werden die Feststellung machen, daß es wohl einer Änderung bedarf!

Diese Erkenntnis wird Sie wie ein Blitz aus heiterem Himmel treffen. Mit einemmal können Sie überdeutlich sehen, was für Ihr weiteres Wachstum wirklich vonnöten ist.

Oder stellen Sie sich ein Gewitter in der Nacht vor. Alles liegt im Dunkeln, bis ein Blitz die Gegend hell und klar erleuchtet. Sie können für einen kurzen Moment sämtliche Konturen erkennen. Dann ist es wieder dunkel.

20. Kommunikation *(Raido)*

Schlüsselwort: »Verbindung«

Symbol: Zwei Hände

Raido zeigt Ihnen an, daß Sie jetzt allem Anschein nach auf dem richtigen Weg sind. Ihre unbewußten Anteile werden von Ihnen anerkannt und nicht mehr verdrängt. Im Gegenteil: Sie sind dabei, diese mühselig abgeworfenen Aspekte wieder Ihrer Persönlichkeit einzugliedern.

Sie haben nun die Möglichkeit, sich mit allen Ihren Persönlichkeitsanteilen – auch mit denen, die Sie bisher für »schlecht« hielten und die Sie daher nicht mochten – zu versöhnen.

Diese Integration wird Ihre Persönlichkeit wieder heil oder, anders ausgedrückt: »ganz« machen und Ihr Potential fast unbegrenzt steigern. Wer sich mit all seinen Anteilen akzeptiert, die Angst nicht mehr fürchtet, seine Gefühle nicht mehr als »gut« oder »schlecht«, »nützlich« oder »unnütz« klassifiziert – der hat gute Chancen, sich zu einer reifen, wirklich erwachsenen Persönlichkeit zu verändern.

Wir brauchen uns nicht mehr zu verstecken und uns unserer verschiedenen Persönlichkeitsanteile zu schämen, wenn wir zu erkennen imstande sind, daß alles, aber auch wirklich alles, seinen tieferen

Sinn hat. Sie treten nun in Kontakt mit sich selbst:
Gehen Sie pfleglich mit sich um. Seien Sie nett zu
sich.

Fällt die Rune *umgekehrt* (auf dem Kopf stehend), so sagt sie nichts anderes als: Sie sind noch
nicht soweit; die Versöhnung läßt noch auf sich
warten. Augenscheinlich wollen oder können Sie
sich mit Ihren abgespaltenen Persönlichkeitsanteilen noch nicht anfreunden, geschweige denn,
diese in Ihr neues Selbst reintegrieren. Rechnen
Sie also noch mit Stockungen. Fragen Sie sich angesichts dieser Erkenntnis, woran das liegen mag.
Was hindert Sie noch an der Feststellung, daß es
um Sie geht und um niemand anderen?

21. Torweg *(Thurisaz)*

Schlüsselwort: »Eingang«

Symbol: Quadrat

Die Rune *Thurisaz* symbolisiert den Übergang. Sie zeigt an, daß Sie an eine Grenze gestoßen sind. Hinter einem Tor öffnet sich der Himmel. Der Torweg führt vom Weltlichen zum Göttlichen, von der Dunkelheit zum Erkennen, von der Blindheit zum Sehen, von der Lüge zur Wahrheit. Wenn Sie hier angekommen sind, so sollten Sie innehalten und überlegen. Verharren Sie einen langen Moment in sich, und lassen Sie Ihr bisheriges Leben Revue passieren.

Ziehen Sie Bilanz. Was haben Sie bisher erreicht? Was haben Sie bisher erlebt? Was haben Sie bisher erlitten? Können Sie inzwischen alles so akzeptieren, wie es Ihnen geschah? Sind Sie zu begreifen imstande, daß alles notwendig war – als ein weiterer Schritt zur Erkenntnis?

Wenn Sie zu einem Resümee gelangt sind, so lassen Sie alles los, und überschreiten Sie die Grenze. Treten Sie durch das Tor.

Fällt die Rune *umgekehrt* (auf dem Kopf stehend), so weist sie Sie auf eine große Beschleunigung Ihrer Entwicklung hin. Aber Vorsicht: Alles, was geschieht, hat seinen Sinn. Auch wenn es jetzt schneller zu gehen scheint – bleiben Sie gelassen, und gönnen Sie sich Ruhe und Besinnung. Dann können Sie alles, was nun passieren wird, viel besser verstehen und annehmen. Auch der Erfolg braucht einen klaren Kopf.

22. Durchbruch *(Dagaz)*

Schlüsselwort: »Morgen-
dämmerung«
Symbol: Horizont

Dagaz zeigt uns an, daß der Zeitpunkt des Handelns eingetroffen ist. Aktivitäten sind gefordert,
um unser Problem einer Lösung zuzuführen. *Dagaz* ist die Rune, von der RALPH BLUM sagt, sie leite
eine größere Phase der Blüte ein. Diese Blütezeit
wird jedoch nicht von allein aufziehen, sondern sie
ist ein Ergebnis Ihres Handelns, Ihrer Tatkraft.

Durchbrüche kommen nicht aus Zufällen zustande, auch wenn es oft so scheint. Durchbrüche
sind das Resultat eines Zusammenwirkens sorgfäl-
tig geplanter Schritte, die unvermittelt überein-
stimmen.

Gerade wenn Sie glauben, es ginge nicht mehr
weiter, kann sich ein großer Durchbruch ankündi-
gen, so wie die Sonne nach einer dunklen Nacht
langsam über dem Horizont erscheint.

Durchbrüche sind auch Übergangszeiten. Lassen Sie sich bei der Verwirklichung Ihrer Pläne von
zeitweiligen Schwierigkeiten nicht entmutigen. Es
geht weiter, Sie sind kurz vor dem Ziel Ihrer Wünsche. Lernen Sie zu warten und das Richtige zur
rechten Zeit zu tun. Handeln Sie, falls Sie es für nö-
tig erachten.

Sollten sich Ihre Aktivitäten als stark genug erweisen, so werden sie den Damm brechen, der Sie
noch von der Realisierung Ihres Vorhabens
trennt. Danach kann alles frei fließen, und Sie streben mit großen Schritten Ihrem Ziel entgegen.

Dagaz in umgekehrter Form gibt es nicht.

23. Stillstand *(Isa)*

Schlüsselwort: »Halt«

Symbol: Auf dem Kopf stehendes Dreieck

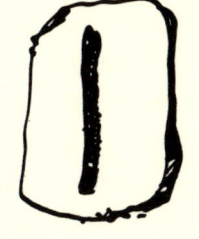

Isa ist die Rune der inneren Einkehr. Eine Zwangspause veranlaßt Sie innezuhalten. Alle Bemühungen, alle Versuche, sich gegen diese Pause zu wehren, sind zum Scheitern verurteilt.

Isa fordert Sie auf, sich mit der momentanen Situation zufriedenzugeben, darauf zu warten, bis Ihnen ein neues Signal die Erlaubnis zu weiteren Aktionen erteilt.

Vielleicht werden Sie gerade jetzt erkennen können, daß es nicht die Zeit ist, gegen die auferzwungene Unterbrechung anzukämpfen, sondern einzusehen, daß Sie irgend etwas behindert. *Isa* mahnt Sie, zunächst einmal zu ergründen, was das sein könnte. Möglicherweise sind Sie etwas zu weit vorgeprescht und haben sich von äußeren Erfolgen leiten lassen. Vielleicht haben Sie dabei vergessen, was Sie eigentlich anstrebten.

Nun werden Sie angehalten, nicht mechanisch zu agieren, sondern nach einem tieferen Bewußtsein Ihrer selbst zu forschen. Suchen Sie in der Stille dieser Zwangspause nach den Behinderungen, die eine Weiterentwicklung in Ihnen blokkieren. Falls Sie nicht wissen sollten, wo Sie da-

mit anfangen sollen, so fragen Sie sich, wovor Sie
Angst haben.

Bei allem, was wir tun, werden wir meistens von
zwei Grundempfindungen geleitet. Zum einen
hoffen wir, daß unsere Wünsche in Erfüllung gehen, andererseits wiederum haben wir Angst davor, daß etwas nicht klappen könnte. Diese Angst
lassen wir aber in vielen Fällen nicht zu, weil wir
glauben, sie könnte ansonsten den Erfolg unseres
Vorhabens gefährden. Das Nichteingestehen von
Angst kann aber für die vielfältigen Blockaden in
unserem Leben, bei der Verwirklichung unserer
Pläne, verantwortlich sein.

Das, was wir nicht sehen wollen, hält uns so
lange fest, bis wir es zur Kenntnis nehmen. Je früher Sie damit anfangen, desto besser. Achten Sie
dabei auf erste Anzeichen eines Tauwetters. Diese
Vorboten weisen Sie darauf hin, daß Sie sich auf
dem richtigen Weg befinden.

Isa in umgekehrter Form gibt es nicht.

24. Ganzheit *(Sowelu)*

Schlüsselwort: »Vereinigung«

Symbol: Sonne

Nun scheint der Zeitpunkt gekommen. Der Prozeß der Selbstveränderung macht Fortschritte. Wenn Sie *Sowelu* gezogen haben, ist dies ein sehr deutliches Zeichen dafür, daß Sie zu sich selbst gefunden haben oder wenigstens dabei sind, die nötigen Vorbereitungen zum Abschluß zu bringen.

Sowelu ist die Rune der Sonne und als solche folglich Sinnbild allen Lebens. Sie enthält starke Energien, die Sie brauchen, um auf Ihrem weiteren Weg voranzukommen.

Sowelu zeigt Ihnen aber auch: Sie müssen sich gar nicht verändern, Sie sind sozusagen »von Haus aus« komplett. Alles, was Sie wirklich brauchen, haben Sie von Geburt an mitbekommen. Ihre einzige Aufgabe besteht darin, diese verborgenen Anteile ans Licht, zur Entfaltung, zu bringen.

Ein bekannter italienischer Psychotherapeut nannte eines seiner Bücher: *Werde, was du bist.* Darin liegt alle Wahrheit begründet.

Wir brauchen nicht danach zu streben, jemand anderer zu werden, sondern nur all das, was schon in uns angelegt ist, zutage zu fördern. Ihnen fehlt nichts, alles ist da. Es ist wie mit einem versteckten Schatz, der lediglich darauf wartet, entdeckt und gehoben zu werden.

Sowelu in umgekehrter Form gibt es nicht.

25. Die leere Rune* *(Odin)*

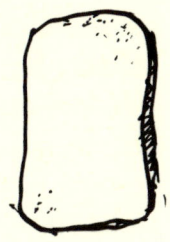

Schlüsselwort: »Leere«

Symbol: Ein leeres Blatt Papier

Mit der leeren Rune schließt das Runenalphabet. Sie beinhaltet sämtliche Möglichkeiten. In ihr ist das Scheitern ebenso »programmiert« wie der unbegrenzte Erfolg. Wenn Sie diese Rune ziehen, bedeutet das: Alles steht Ihnen potentiell offen. Sie können alles tun, alles ist möglich.

Aber *Odin* sagt auch: Die Entscheidung, welchen Weg Sie nun nehmen werden, ist noch nicht getroffen.

Die leere Rune versinnbildlicht die Bereitschaft, das Offensein für all das, was noch auf uns wartet. Sie steht als Symbol für das riesige Potential, das in Ihnen ruht und von dem Sie bisher nur einen ganz geringen Teil zur Geltung gebracht haben. Die leere Rune fordert Sie auf:

Geben Sie sich nicht damit zufrieden, nur etwa fünfzehn Prozent Ihrer Möglichkeiten zu nutzen, sondern streben Sie danach, alles auszu-

---

* Die leere Rune ist eine Schöpfung RALPH BLUMS. In den älteren und jüngeren klassischen *Futharks* ist sie nicht enthalten. Blum fertigte seine Runen aus Ton, nahm von jeder Rune das, was übrigblieb, und gestaltete aus den Resten sämtlicher Runen eine neue, die leere Rune. Sie symbolisiert so die Kräfte aller Runen (der Verfasser).

schöpfen, was Ihnen vom Himmel mitgegeben wurde.

Die Kunst des Lebens mit Runen besteht darin, sich auf den spannenden Weg zu machen, dieses unbegrenzte Potential zu entdecken, zu aktivieren und zum Ausdruck zu verhelfen.

III

Mächtige Methoden: So können Sie mit Hilfe verschiedener Legesysteme Ihre Probleme lösen

Der fünfte Schritt:
Runen im Alltag richtig
angewandt

Bevor wir nun näher auf die verschiedenen Einsatzmöglichkeiten der Runen eingehen, möchte ich auf einen sehr wichtigen Punkt hinweisen: Die Beschäftigung mit den Runen ersetzt nicht den Lebensinhalt an sich. Wer glaubt, mit Hilfe der Runen für alles eine Lösung zu finden, unterliegt einem gewaltigen Irrtum. Runen können nicht immer den Gang zum Arzt oder zum Psychotherapeuten ersetzen.

Wer Runen richtig einsetzen will, sollte beachten, sie nicht als Handlungsersatz zu mißbrau-

chen. Runen geben zwar Rat, ersetzen jedoch kei-
nesfalls das Tun. Runen übernehmen auch keine
Verantwortung für Ihr Handeln, dafür sind Sie
schon selbst zuständig. Am besten ist, Sie betrachten Runen als Ergänzung, als Bereicherung Ihres
Bewußtseins. So wie die Verwendung einer Hausapotheke nicht die Heilmethode an sich ist, kann
Runenlegen nicht Lebensersatz sein.

Viele Menschen, die zum Beispiel meditieren
und dabei das rechte Maß verlieren, handeln le-
bensfremd und laufen Gefahr, sich zu isolieren.
Wer zuviel meditiert und dabei den Kontakt zur
Wirklichkeit verliert, handelt entgegen dem
Grundsatz, den der große Meister der Meditation,
MAHARISHI, formuliert hat: »Act and meditate.«
Übertragen auf unser Thema heißt das: »Handle
und lege Runen!«

Das Runenlegen kann immer nur Ergänzung,
Erhellung des Lebens sein, nicht Selbstzweck.
Wer dies beachtet und sich nicht in den Runen
verliert, also das rechte Maß behält, kann mit Runen sein Leben bereichern und diesem einen
neuen Sinn ebenso geben wie eine neue Richtung.

Nachdem Sie sich nun ein paar Runen hergestellt oder gekauft, über die verschiedene Bedeutung der einzelnen Runen Klarheit gewonnen
und ein paar Überlegungen zur Fragestellung
angesteuert haben, können Sie sich mit den ver-

schiedenen Legetechniken vertraut machen. Ähnlich wie bei jenen Medikamenten, die zum Inhalt einer Hausapotheke gehören, sollte man sich auch bei der Zusammenstellung einer »psychologischen Hausapotheke« über Nebenwirkungen, Wirkungsweisen und Kontraindikationen informieren. Nicht jedes Medikament ist für jede Erkrankung geeignet.

Für einfache Beschwerden wie zum Beispiel einen Schnupfen nimmt man normalerweise keine Antibiotika, sondern versucht es mit einem harmlosen Hausmittel. Mit den einzelnen Runentechniken verhält es sich ebenso.

Ganz allgemein gilt für das Runenlegen:
1. Schaffen Sie sich eine ruhige Situation, in der Sie nicht gestört werden können.
2. Denken Sie über Ihr Problem nach.
3. Nennen Sie es beim Namen, visualisieren Sie es.
4. Lassen Sie Ihre Gefühle zu, die sich mit diesem Problem verbinden.
5. Formulieren Sie Ihre Frage an die Runen.
6. Jetzt greifen Sie in den Beutel, lassen die Runen in aller Ruhe über Ihre Finger gleiten und ziehen bewußt Ihre Rune.
7. Legen Sie die Rune vor sich auf den Tisch.

Unser Umgang mit Alltagsproblemen verläuft

nur selten völlig störungsfrei. Wir fühlen uns oft durch Umweltbedingungen oder persönliche Eigenarten daran gehindert, unsere Probleme zu lösen. Da ist die Arbeit, die uns »auffrißt«, die uns die Zeit stiehlt. Da ist der Ehemann oder die Ehefrau, der oder die ständig etwas von uns will – gar nicht zu reden von den Kindern. Immer gibt es etwas zu tun. Wie soll man da in Ruhe zum Nachdenken kommen? Dabei sind äußere Bedingungen nur die eine Seite, die uns Schwierigkeiten bereitet. Eine andere Seite macht die Sache noch viel schwieriger: Das sind wir selbst.

Der aktuelle Streß, den die Umwelt uns mit ihren Anforderungen bereitet, wird von vielen noch verstärkt, indem sie an Selbstzweifeln, mangelndem Selbstbewußtsein oder an einer zu kritischen Einstellung zu sich selbst leiden. Aber das wäre alles noch gar nicht so schlimm, gäbe es da nicht einen weiteren Mechanismus, der uns das Leben erst wirklich schwermacht: die Art und Weise, wie unser Gehirn schon seit Hunderttausenden von Jahren arbeitet.

Stellen Sie sich einmal vor, Sie würden auf einer vorfahrtberechtigten Bundesstraße fahren und von rechts käme aus einer kleinen Seitenstraße ein anderer Wagen mit hoher Geschwindigkeit auf Sie zu. Sie denken nun: Wenn der so weiterfährt, werden wir an der Einmündung der nicht vorfahrtberechtigten Straße zusammenstoßen.

Was passiert nun in Sekundenbruchteilen? Ihr rechter Fuß zuckt vielleicht, als ob Sie auf die Bremse treten wollten, aber Ihr Herz beginnt zu rasen, Ihnen wird heiß und kalt, alles verkrampft sich. Kurz vor dem erwarteten Zusammenprall bremst das andere Auto und hält vorschriftsmäßig an. Sie fahren einfach weiter. Vielleicht schimpfen Sie noch auf den anderen Fahrer.

Ihr Gehirn hatte blitzartig, viel schneller, als Sie denken konnten, einen Supertreibstoff für die Muskeln ausgeschüttet, um Sie hyperschnell reagieren zu lassen, falls es notwendig geworden wäre. Der Stoff heißt Adrenalin. Gleichzeitig wurden alle anderen Denkvorgänge blockiert, sozusagen um die Leitung freizuhalten für Wichtigeres. Dieser Vorgang wurde vom ältesten Teil Ihres Gehirns, dem Cerebellum oder Kleinhirn, gesteuert. Die auch als Reptiliengehirn bezeichnete Hirnregion entwickelte ihre Funktionen in der Frühzeit der Menschheit, als unsere Vorfahren sich noch mit Säbelzahntigern, Mammuts und riesigen Höhlenbären herumschlagen mußten.

Was hat das nun mit unseren heutigen Problemen zu tun? Ganz einfach: In vielen Situationen schaltet sich diese alte Gehirnpartie ein, weil sie meint, es würde gefährlich, und wir müßten umgehend fliehen. Nur leben wir nicht mehr in der Steinzeit, und oftmals irrt sich das Kleinhirn ganz gewaltig. Da es aber aus obenbeschriebenen

Gründen auch das Denken eliminiert, kommt es
zu Problemlösungen, die gefährlich werden können. Die Wirkungsweise des Reptiliengehirns läßt
sich Tag für Tag beobachten: auf der Autobahn,
im Alltag, in der Familie.

Wer es auf der Autobahn mit aggressiven Fah-
rern zu tun bekommt, wird feststellen, daß sie sich
oftmals so verhalten, als hätten sie ihr Gehirn ab-
gestellt. Da werden ohne Not lebensgefährliche
Überholmanöver eingeleitet; es wird rechts über-
holt, wenn der Vorausfahrende nicht schnell genug die Spur freigibt; es wird bis auf ein paar Zen-
timeter aufgefahren und vieles andere mehr – alles
Situationen, die das Leben des Fahrers und, was
noch viel unverschämter ist, auch das Leben der
anderen Verkehrsteilnehmer gefährden.

In der Familie kann es passieren, daß unser
Partner durch eine Äußerung von uns verletzt
wird, sich angegriffen fühlt – und schon schaltet
sich das Reptiliengehirn ein. Eine sachliche Auseinandersetzung ist nun nicht mehr möglich. Die
zwischenmenschliche Steinzeit bricht aus, der
Streit eskaliert, und nicht selten werden die Kon-
trahenten handgreiflich.

Diese ursprünglich zum Zweck der Lebensret-
tung installierte Funktionsweise kann uns heute in
unserer modernen Welt durchaus das Leben »ver-
miesen«. Schon als kleine Kinder machen wir die
Erfahrung, daß uns Angst blockieren kann. Wer

kennt nicht das Gefühl, die Lösung einer Aufgabe nicht mehr zu wissen, obwohl man sie eben noch klar vor Augen hatte.

Ob Angst oder Aggression, ob Umweltbedingung oder persönlicher Streß – all diese Faktoren erschweren in bestimmten Situationen das Lösen unserer Probleme fast bis zur Unmöglichkeit.

Das Kleinhirn schüttet riesige Mengen von Adrenalin aus, die eigentlich gedacht sind, um uns genügend Energie für den Kampf oder die Flucht zur Verfügung zu stellen. Gleichzeitig wird das Großhirn blockiert, es kann nicht mehr durch rationale Erwägungen zu vernünftigen Handlungen führen, und wir werden aggressiv, wollen den Energiestau abbauen. Der Autofahrer müßte eigentlich anhalten und entweder zu einem Waldlauf starten oder Holz hacken – jedenfalls etwas tun, was ihn körperlich anstrengt. Statt dessen agiert er sich mehr oder weniger körperlich passiv am Steuer seines Wagens aus.

Unser Gehirn stellt einen riesigen Speicher dar, der alles an Information und Wissen enthält, das wir zur Lösung unserer sämtlichen Probleme brauchen. Schon seit etwa zweieinhalb Jahrzehnten wissen wir ungefähr, wie dieser Supercomputer arbeitet, wie er Information speichert und weiterverwertet. Der bekannte Biologe FREDERIK VESTER führte als erster einem größeren Publikum vor Augen, wie wir als Kinder bestimmte Erfah-

rungen machen, sie speichern und später eben
nicht mehr abrufen können, weil sie blockiert sind
– durch einen einfachen Mechanismus im Gehirn.
Runen können nun diese Blockade wiederaufhe-
ben, uns somit Zugang zu unseren Erfahrungen,
folglich auch zu den durch sie gewonnenen Erkenntnissen verschaffen und uns diese wiederver-
werten lassen. Aber wie?

Dazu müssen wir uns kurz ansehen, was in unserem Gehirn passiert, wenn wir bestimmte Erfahrungen machen. Nur wenige Fachleute wissen,
daß das kindliche Gehirn lediglich mit einer kleinen Grundausstattung an fertig »verdrahteten
Schaltungen« auf die Welt kommt. Würde man
einen mikroskopischen Schnitt durch die Groß-
hirnrinde vollführen, so fände man unter dem Mi-
kroskop nur einige tausend fertige Schaltungen
und Verbindungen. Das heißt: Ein etwa drei Mo-
nate alter Säugling bringt eine sogenannte Grundausstattung an Reaktionsmustern mit auf die
Welt. Dabei handelt es sich um einfache, instinkt-
mäßige Verknüpfungen für Schreien, Saugen oder
andere elementare Lebensäußerungen.

Das eigentliche Denken, das heißt die Fähigkeit
dazu, und – was noch viel wichtiger ist – die ganz
bestimmte Art, wie ein einzelner Mensch, und nur
dieser, denkt, wird durch die Art und Weise des
Einflusses seiner Eltern (oder einer anderen Umwelt, zum Beispiel im Heim) bestimmt.

Diese revolutionäre Erkenntnis bedeutet nun aber nichts anderes, als daß die Eltern mit ihren Einflüssen letztlich bestimmen, wie und warum ein Kind später mit ganz individuellen Verhaltensweisen auf seine Umwelt einwirkt. Die Eltern legen mit ihren Verhaltensweisen, mit der Art, wie sie auf das Kind reagieren, das Grundmuster dafür an, wie dieses Kind später denken wird.

Kinder, die häufig erfahren müssen, daß ihre Eltern keine Zeit für sie haben oder sie gar anschreien, weil sie selbst überlastet sind, lernen von klein auf, mit Ängsten auf belastende Situationen zu reagieren. Aber was bedeutet Angst eigentlich für die Informationsverarbeitung im Gehirn, für die Weiterleitung von Informationen?

Dazu müssen wir uns ganz kurz den Normalfall ansehen. Was passiert denn im Gehirn, wenn wir denken?

Für gewöhnlich wird eine Information, ein Gedanke, auf biochemisch-elektrischem Weg von Gehirnzelle zu Gehirnzelle weitergeleitet – so lange, bis der Gedanke den Zugang zum richtigen Speicher gefunden hat. Nehmen wir einmal an, wir säßen noch in der Schule und wären gerade dabei, eine einfache Rechenaufgabe zu lösen, zum Beispiel: »Wieviel ist 3 × 3?« Unser Gehirn leitet nun diese Frage weiter bis zu dem Speicher, in dem der Rechenweg abgelegt wurde, und von hier aus zum Ort, wo gerechnet wird und so fort. Am

Schluß kommt die Lösung als Gedanke zustande.
Der »Transport« im Gehirn funktioniert durch
die Übertragung des Gedankens als elektrischer
Impuls. Dieser muß nun von Neuron zu Neuron
übermittelt werden. Und dabei hat er jeweils die
Entfernung von einer Zelle zur anderen zu überbrücken. Dort, wo die Zellen zusammenstoßen,
befindet sich ein Spalt, der sogenannte synaptische
Spalt. Diesen überbrückt die Zelle mit Hilfe von
Neurotransmittern, einer chemischen Substanz,
die dafür sorgt, daß eine bestimmte Information
zu einer anderen Zelle gelangt. Ob sie nun mit dieser oder jener Zelle Kontakt aufnimmt, hängt davon ab, ob der Neurotransmitter den Spalt füllt
und die Information weiterleitet. Und das ist nicht
einfach. Denn wir reden hier von etwa fünfzehn
Milliarden Zellen, die miteinander über solche
Schaltstellen in Verbindung stehen! Und wie soll
die einzelne Zelle wissen, welche von den anderen
nun zur Kontaktherstellung bereit ist?

Diese Aufgabe übernehmen die Neurotrans-
mittersubstanzen. Sie bestimmen, ob es weiter-
geht, ob also eine Verbindung zur nächsten Zelle
zustande kommt oder nicht. Neurotransmitter
können sich nämlich fördernd oder hemmend
auswirken. Hemmende Neurotransmitter sind
zum Beispiel Adrenalin und Noradrenalin. Und
genau sie sorgen dafür, daß es eben nicht weiter-
geht, daß sich eine Blockade aufbaut.

Wenn wir in einer Situation Angst verspüren, ist unser Körper mit Adrenalin oder Noradrenalin überschwemmt. Viele Denkvorgänge sind nun gestört und können nicht ablaufen, da die Information an der Weiterleitung gehindert wird. In unserem Schulbeispiel kann das heißen: Wenn bei einer einfachen Frage für einen Schüler eine Streßsituation entsteht, könnte eine Denkblokkade die Folge sein. Die Frage bleibt in unserem Kopf irgendwo stecken und findet weder den Speicher, in dem der Rechenweg, also die Methode steckt, noch den Lösungsspeicher. Das Resultat: Wir bekommen vor lauter Adrenalin einen roten Kopf (hoher Blutdruck), verspüren mehr oder weniger Panikgefühle. Am liebsten würden wir weglaufen.

Die Blockaden unseres Denkens sind Produkte unserer Erfahrungen, und diese erweisen sich nicht immer als geeignet, uns das Leben zu erleichtern. Oftmals ist es eher genau umgedreht. Eine schreckliche Erfahrung blockiert uns so sehr, daß wir nicht mehr klar denken können. Aber unser erfinderisches Gehirn hat auch dafür eine kleine Hilfslösung parat. Es »verdrängt« diesen Vorgang in jenen Bereich, den die Psychologen als Unterbewußtsein bezeichnen. Das heißt nichts anderes, als daß diese Erfahrung dem Tagesbewußtsein entzogen wird und uns dort nicht mehr stören kann. Aber im Unterbewußtsein richtet sie weiterhin Schaden an, indem sie unsere Entscheidungen, ohne daß wir es ahnen, beeinflußt.

Sehen wir uns dazu ein Beispiel an: Ein kleines Mädchen, nennen wir es Marion, erlebt mit sechs Jahren, wie der Vater verschwindet. Von einem Tag auf den anderen ist er weg. Die Mutter redet nicht mit dem Kind darüber. Kommt das Thema zur Sprache, bricht sie in Tränen aus. Marion will die Mutter aber nicht weinen oder traurig sehen, also fragt sie irgendwann nicht mehr. Jahre später, Marion ist längst erwachsen, lernt sie einen jungen Mann kennen.

Doch die Beziehung zerbricht nach einigen Monaten. Marion weiß nicht, woran es gelegen hat. Auch eine neue Beziehung geht in die Brüche. Marion stellt den Mann noch einmal zur Rede. »Du kontrollierst mich auf Schritt und Tritt, das halte ich nicht mehr aus!« antwortet dieser.

Immer wieder gehen Beziehungen, die Marion mit Männern anfängt, daran zugrunde. Marion versucht unbewußt zu verhindern, daß ihr Freund wegläuft wie ihr Vater. Aber das merkt sie nicht. Ihr Bewußtsein hat den Verlust des Vaters »verdrängt«, doch das »Unterbewußtsein« treibt sie, ohne daß sie es bemerkt, zu Schutzhandlungen. Diese werden von den Partnern als »Anklammern«, »Kontrolle« oder »Festhalten« interpretiert.

Wir mußten als Kinder Unmengen schmerzlicher Erfahrungen sammeln, die wir, um überleben zu können, verdrängt haben. Aber gerade in ähnlichen Situationen, in denen sich heute Menschen uns gegenüber so verhalten, wie es andere in unserer Kindheit taten, tauchen solche Szenen in versteckter Form wieder auf und machen uns das Leben schwer.

Im Grunde genommen müßten wir diese Erfahrungen kennen und sie aus heutiger Sicht realistisch beurteilen können, um sie bei unseren Entscheidungen zu berücksichtigen. Und da kommen die Runen ins Spiel. Zunächst einmal bringen die Runen Ruhe. Die Beschäftigung mit dem Ritual des Runenlegens hilft Ihnen, abzuschalten, sich zu entspannen und sich auf sich selbst zu besinnen. Aber es kommt noch ein weiterer Punkt hinzu: Runen können uns helfen, unbewußte und verdrängte Erfahrungen dem Tagesbewußtsein wieder zugänglich und damit endlich realistisch nutzbar zu machen. Sie sind der Spiegel unserer Seele, unserer verdrängten Erfahrungen und Erlebnisse, die unser Gehirn in verborgenen Speichern gefangenhält und die unsere täglichen Entscheidungen in allen möglichen Bereichen ständig, ohne daß wir davon nur im geringsten etwas ahnen, beeinflussen. Unsere verdrängten Ängste, Hoffnungen und gescheiterten Pläne oder Träume manipulieren unser Erleben, unsere Gefühle. Wir werden

von ihnen jeden Tag aufs neue in eine bestimmte
Richtung gedrängt und wissen gar nicht, wie das
geschieht.

Runen legen diese Vorgänge offen; damit hat
unser Bewußtsein Zutritt zu ihnen und kann sie
auf diese Weise kontrollieren. Wer sich auf die
hier beschriebene Art und Weise mit Runen beschäftigt, wird sich seltsam befreit fühlen, wird
neue Kräfte in sich spüren, wird mit einemmal das
Gefühl verspüren, eine Last abgeworfen zu haben,
die das individuelle Weiterkommen, das persönliche Wachstum, behinderte.

Runen sorgen dafür, das in unserem Gehirn
kräftig »aufgeräumt« wird. Alte Reaktionsmuster
werden uns beim Runenlegen klar ersichtlich. Wir
können unvermittelt besser verstehen, warum wir
bisher in solchen Situationen immer »so« und
nicht anders reagiert haben.

Doch dazu ist es notwendig, beim Runenziehen
ganz bewußt und konzentriert zu sein. Wir sollten
all unsere Sinne in das Runenlegen mit einbeziehen, weil sich dann in unserem Körper ganz er-
staunliche Dinge abspielen.

Immer wenn Alltagssituationen dazu führen,
daß irgendwelche Gefühle beteiligt sind, wird es
schwierig. Hinzu kommt, daß unser Gehirn täglich riesige Informationsmengen verarbeiten muß.
Würden wir uns bewußt alles merken, was da tag-
täglich auf uns einstürmt – wir drehten wahr-

scheinlich durch. Also wählt unser Gehirn aus und lagert die Information entweder in einem Kurzzeitspeicher, der kurzfristig immer wieder gelöscht wird, oder im Langzeitspeicher für den weiteren Gebrauch.

Unser Tagesbewußtsein nimmt nur ausgewählte Informationen wahr. Leider sind es oft für viele Entscheidungen, die wir treffen müssen, zu wenig Informationen. Wir denken über etwas nach, wägen ab und entscheiden dann. Aber entscheiden wir wirklich nur nach dem Gedachten? Gibt es da nicht noch Bereiche, die uns gar nicht bewußt sind, jedoch unsere Entscheidung beeinflussen?

Wollen wir es dem Zufall überlassen, wie unser Gehirn uns zu Handlungen zwingt, die wir so eigentlich gar nicht auszuführen vorhatten? Wollen wir es dem Zufall überlassen, wieviel unser Gehirn von vorhandenen Informationen nutzt, um zu einer Entscheidung zu gelangen? Wollen wir nicht vielmehr alle zur Verfügung stehenden Informationen ausschöpfen?

Hier treten erneut die Runen auf den Plan. Sie können uns helfen, wieder zu lernen, alle Informationen zu nutzen, die wir im Kopf haben. Sie können dabei behilflich sein, alte und neue Gehirnteile wieder miteinander zu versöhnen, ja, die Runen können sie sogar dazu bewegen, zusammenzuarbeiten.

Als ich damals bei meiner Schwester Karin im Wohnzimmer saß und zum zweitenmal an diesem Tag mit Runen konfrontiert wurde, erzählte sie mir, wie sie mit den Runen in Kontakt gekommen war und wie sie sie wieder weggelegt hatte, weil sie beim Runenziehen etwas erlebt hatte, das ihr angst machte.

»Ich lernte Runen während einer Fortbildung über Managementtechniken kennen. Ein Schweizer Psychologe stellte uns während eines Seminars auch Tarotkarten und Runen als Möglichkeit der Bewußtseinserweiterung vor. Er benutzte dabei die Blumsche Interpretation. Es waren zum Teil so aufsehenerregende Erkenntnisse dabei, daß ich mir zu Hause sofort ein paar Runen kaufte und damit begann, zu verschiedenen Dingen, die mich beschäftigten, Runen zu ziehen. Eine Zeitlang ging das sehr gut. Ich zog nur Runen, die ich als positiv einschätzte und von denen ich annahm, sie würden mich weiterbringen. Aber dann passierte etwas, das mir das Runenziehen gründlich verleidete.«

Karin war damals mit ihrer Arbeitsstelle bei einem großen Schweizer Hotelkonzern nicht mehr zufrieden.

Sie stellte den Runen die Frage:

»Was soll ich hinsichtlich meiner Arbeit tun?«

Sie zog *Hagalaz.* In der Interpretation nach RALPH BLUM heißt es bei ihr unter anderem: »Sie können mit der Auflösung Ihrer Pläne rechnen, denn sie ist der große ›Wachrüttler‹.« Diese Rune versetzte sie in Schrecken. Zwar stehen in der Interpretation auch noch andere Sachverhalte, aber Karin reagierte nur auf diesen Satz. In den nächsten Tagen nach der Runenziehung war sie sehr nervös. Doch das war noch gar nichts gegen das, was ihr dann zwei Tage später passierte: Sie wurde gekündigt und verlor ihre Arbeitsstelle.

»Seitdem zog ich keine Runen mehr. Ich hatte nur noch Angst, wenn ich an die Runen dachte.«

Dieses Erlebnis brachte mich dazu, mehr über die Wirkungsweise der Runen nachzudenken. Wovor fürchtete sich Karin so sehr? War es wirklich die Rune *Hagalaz?*

Ich experimentierte nun eine ganze Zeitlang mit Runen und machte sehr ähnliche Erfahrungen. Egal, welche Fragen ich an die Runen richtete – bei ganz bestimmten reagierte ich ebenfalls mit starken Angstgefühlen. Doch lag das tatsächlich an den Runen? Im Laufe der Jahre der Beschäftigung mit den magischen Steinen stellte sich heraus: Nicht die Runen verursachten Furcht, sondern nur bestimmte Elemente der Interpretation. Dies war der große Nachteil einer orakelhaften Auslegung der Runen. Hier war ich auf etwas gestoßen, das mich von nun an nicht mehr loslassen und sich zur Grundlage für eine andere Runeninterpretation entwickeln sollte.

Wenn wir uns nämlich ansehen, wie es mit meiner Schwester nach diesem Erlebnis weiterging, wird sofort vieles deutlicher werden. Das erste Scheitern der beruflichen Pläne, der Verlust einer zwar gutdotierten, aber unbefriedigenden Tätigkeit, war die Voraussetzung für eine entscheidende Lebensveränderung.

Karin verlor zwar diese Arbeitsstelle, aber sie machte sich danach mit ihrem Mann selbständig und ist heute Besitzerin eines gutgehenden Hotels mit einem kleinen Restaurant. Doch damit das Neue entstehen konnte, mußte das Alte zunächst zum Abschluß gebracht werden.

Jene von ihr so stark empfundene Angst, die sie sich nicht erklären konnte, war in Wahrheit nichts anderes als das Wissen des Körpers um die Vergangenheit, das bisher Erlebte, das in dieser Angst kumulierte und seinen Ausdruck fand.

Die Rune *Hagalaz* brachte dieses Wissen ans Licht, ins Bewußtsein. Aber Karin konnte nichts

damit anfangen. Sie löste ihre Probleme auf eine
Art und Weise, die in unserer Gesellschaft weit
verbreitet ist: Sie verdrängte sie einfach.

Mit etwas Nachdenken hätte sie feststellen können, daß sie ihre Arbeit nicht mehr mochte, daß es
Zeit für eine Veränderung war. Die empfundene
Angst war lediglich ein Signal: »Paß auf!« Es liegt
doch auf der Hand, daß wir bei entscheidenden
Veränderungen in unserem Leben aufmerksam
sein sollten, um alle Aspekte von Entscheidungen
auch berücksichtigen zu können. Nichts passiert
aus »Zufall«, sondern alles geschieht, weil wir uns
in eine Situation hineinmanövrieren. Karin hatte
sich einer Gruppe von jungen Leuten in der Firma
angeschlossen, die eine andere Meinung vertrat als
die neue Geschäftsleitung. Sie hatte dabei den
Blick für die realen Machtverhältnisse ebenso ver-
loren wie das Gespür für das Machbare. Die daraus resultierende Kündigung war eine logische
Folge dieses vorhergehenden Verhaltens. Die
stark empfundene Angst machte sie darauf aufmerksam. Aber sie schenkte ihr keine Beachtung.

Bei einer systematischen Beschäftigung mit
dem Runenlegen geht es vor allem darum zu erkennen, daß jedes Ereignis nur ein ganz bestimmter Schritt auf einem langen Weg ist: dem Weg der
Selbsterkenntnis, der Selbstveränderung.

Wer sich mit Runen befaßt, sollte darauf achten,
sich nicht nur auf schnelle und ausschließlich po-

sitive Erfahrungen zu verlassen, sondern sich auch
darauf einstellen, daß das Runenlegen einen Prozeß der Selbstveränderung einleitet, der alle Seiten
unserer Persönlichkeit mit einbezieht. Dazu gehört auch die Angst. Dabei sollen wir uns bewußt
sein, daß Angst ein Aspekt unseres Lebens ist, und
sie uns auf bestimmte Dinge aufmerksam machen
will.

Unsere Vorfahren bildeten auf den Runen ihren
ganzen Kosmos ab. Alles, was sie beschäftigte, ab-
strahierten sie in den verschiedenen Runensym-
bolen. Wer sich einmal alle Runen ansieht, wird
feststellen können, daß die Grundgefühle wie
Angst und Hoffnung ebenso enthalten sind wie
Freude und Trauer oder Abwehr und Zwang,
Schutz und Besitz, Trennung und Kraft.

Wer sich mit Runen längere Zeit beschäftigt
und sie zur Lösung seiner Alltagsprobleme benutzen will, sollte sich immer vergegenwärtigen, daß
alle diese Empfindungen oder Zustände zum Leben gehören. Im Leben geht es nun mal rauf und
runter, zur Seite oder nach hinten – oder man
bleibt stehen. Auch das gehört dazu. Wer sich mit
Runen befaßt, hat aber gegenüber anderen einen
großen Vorteil: Runen weisen uns auf innere
Aspekte hin, die uns helfen können, unseren Weg
besser zu finden.

Die in einer bestimmten Situation gezogene
Rune zeigt uns einen Aspekt auf, der von uns bis-

her meist vernachlässigt wurde. Karin hatte
Angst, wollte es aber weder zugeben noch dieses
Gefühl genauer hinterfragen. Hätte sie die Rune
der Freude, *Wunjo*, gezogen, wäre ihre Reaktion
vermutlich eine andere gewesen. Nur, wenn wir
uns ihre Situation vergegenwärtigen, dann können
wir doch sehen, daß es keinen Grund zur Freude
gab. Diese und die Erkenntnis, daß alles genau so
und nicht anders verlaufen mußte, erwuchsen erst
später.

Wenn Sie bei Ihrer Beschäftigung mit den Runen später Gefühle empfinden, die Ihnen in dieser
Situation nicht gefallen – geben Sie nicht auf. Die
Runen wollen Ihnen da etwas mitteilen. Sehen Sie
es sich an, und fragen Sie sich, was es sein könnte.
Bleiben Sie nicht beim rein orakelhaften Charakter vieler Runenauslegungen stehen. Dann werden
Sie bei bestimmten Runen lediglich Angst verspüren, wie die Maus auf die Schlange starren und
warten, bis Sie »gefressen« werden. Runen sind
mehr als ein Zukunftsorakel. Sie können uns helfen, unser riesiges Gedächtnispotential, die Me-
chanismen unseres biologischen Computers, besser zu nutzen als bisher. Runen erschließen Ihnen
bei richtiger Anwendung den Zugang zu bislang
verborgenen Fähigkeiten, die Ihre Gehirnleistung
um mehr als vierhundert Prozent steigern können.

Die Beschäftigung mit den Runen führt nämlich dazu, daß Sie sich nach und nach mit sämtli-

chen Aspekten Ihres Problems und, was noch
wichtiger ist, mit allen Aspekten Ihrer Persönlichkeit hinsichtlich dieses Problems auseinandersetzen werden.

Ängste blockieren ja nicht nur über die Ausschüttung von Hormonen das Denken, sondern
sie sorgen auch dafür, daß unser Immunsystem
weniger Abwehrzellen produziert. Wir werden
bei ständiger Angst ohne Gegenmaßnahmen auch
zunehmend kränker. Wer sich mit Runen befaßt,
dabei lernt, daß Ängste ein Teil des Lebens sind,
und weiß, daß sie bewältigt werden können, der tut
auch etwas für seine Gesundheit. Über die konstante Beschäftigung mit den Runen werden Ängste nicht nur erkannt und eingestanden, sie werden
auch überwunden, und es können danach wieder
andere Zustände wie Freude und Hoffnung eintreten. Diese fördern wiederum nachgewiesenerma-
ßen das Immunsystem und folglich auch unsere
Widerstandsfähigkeit gegen Krankheiten.

Wer bei der richtig verstandenen Runeninterpretation alles als *einen Schritt* auf einem längeren
Weg akzeptiert, der weiß, daß nach der Angst auch
wieder Freude auftritt.

Die konstante Beschäftigung mit Runen hat somit eine Integration aller Zustände des menschlichen Seins in einer Gesamtpersönlichkeit mit »Ek-
ken und Kanten«, Stärken und Schwächen, guten
und »schlechten« Seiten zur Folge.

Die Auseinandersetzung mit der Angst wird aber auch dazu führen, sie zu bewältigen, die Blockaden unseres Gehirns aufzulösen und uns frei zu machen für andere Potentiale, die in uns stecken. Jeder vermag leicht nachzuvollziehen, daß Angst lähmen, bewegungslos machen kann. Aber jeder weiß auch, wie Freude anspornen kann, Erfolg beleben und zu weiteren Leistungen animieren kann. Ist die Angst erst einmal aus dem Weg geräumt, dann steht der Anwendung unseres vollen Potentials nichts mehr im Wege. Ein Gedankenimpuls im Gehirn kann wieder Kontakt zu anderen Zellen herstellen, sich an andere Speicher wenden, neue Kombinationen von Gedanken schaffen, mit weiteren Kombinationen Verbindung aufnehmen und Neues kreieren.

Sibylle Raschke*, eine zweiunddreißigjährige Krankenschwester, beschäftigt sich bereits mehrere Jahre mit Runen. Ihr Hauptproblem waren Ängste, die sie schon seit ihrer Kindheit mit sich herumschleppte. Wie viele Frauen litt Sibylle unter der Furcht, nicht anerkannt zu werden.

In ihrem Alltag bereitete ihr dieser Umstand immer dann Schwierigkeiten, wenn es darum

---

* Alle in diesem Buch verwendeten Namen sind aus Personenschutzgründen erfunden. Die geschilderten Fälle basieren auf tatsächlichen Gegebenheiten, wurden aber aus Rücksichtsnahme auf die Betroffenen geringfügig verändert, was Beruf, Lebensalter und dergleichen betrifft.

ging, eine Aufgabe zu erledigen. »Schon in der
Schule hatte ich Probleme damit. Jedesmal wenn
ich eine Hausaufgabe gemacht hatte, fragte ich
mich, ob ich sie auch wirklich richtig ausgeführt
hatte.« Das hatte zur Folge, daß Sibylle häufig zu
Hause saß und immer wieder von neuem ihre
Hausaufgaben überprüfte.

»Später im Beruf machte ich es ähnlich. Wenn
die Oberschwester oder ein Arzt mir einen Auf-
trag gab, konnten beide sicher sein: Die Sibylle
macht das zweihundertprozentig. Ich war dafür
bekannt, sehr penibel und ordentlich zu sein.«

Niemand ahnte, daß Sibylle von Ängsten ange-
trieben wurde, daß sie im Grunde nur nach Anerkennung durch ihre Umwelt suchte. Sie inve-
stierte eine Menge Energie in ihre Arbeit, um diese
Ängste durch ihren Perfektionismus zu unter-
drücken. Durch Zufall kam sie mit Runen in Kontakt. Ein Zivildienstleistender im Krankenhaus
legte in einer Mittagspause Runen. Sie wurde neugierig und probierte es auch aus. »Ich fragte die
Runen: Wieso bin ich so angespannt? Damals war
es ganz schlimm. Meine Ängste hatten so zuge-
nommen, daß ich daran dachte, deswegen einen
Arzt aufzusuchen.«

Sibylle zog *Algiz*, die Rune des Schutzes.

Der folgende Absatz beeindruckte sie besonders: *Algiz* ist die Rune der bewußt akzeptierten Angst. Mit anderen Worten: Versuchen Sie nicht Ihren Gefühlen zu entfliehen, sondern bleiben Sie bei ihnen. Angst bewußt zu erleben bedeutet, einen Schutz zu haben. Aber wie bei allem geht es auch hier um die Ausgewogenheit. Zuviel schadet ebenso wie zuwenig. Es liegt in Ihrer Hand, das rechte Maß für sich zu finden. Nur Sie allein können wissen, wieviel Ihnen guttut. Nehmen Sie die Angst an, versuchen Sie nicht, vor ihr davonzulaufen. Beobachten Sie sie, und fragen Sie sich, was sie ausdrücken will. Wo läuft etwas falsch in Ihrem Leben?«

Algiz war der Auslöser: Sibylle beschäftigte sich nun mit ihren Ängsten. Zum erstenmal in ihrem Leben gestand sie sich ein: »Ich habe Angst!«

Das allein führte sie natürlich noch nicht weiter. Aber es war ein erster Schritt zur Selbsterkenntnis. Sie begann sich intensiver mit sich selbst, ihrer Vergangenheit und ihren Problemen auseinanderzusetzen. »Das Ziehen dieser Rune löste eine

Blockade in mir. Ich fühlte: Hier passiert etwas mit dir, das dir weiterhelfen kann.«

Sibylle brauchte nicht sehr lange, um herauszufinden, daß sie nach Anerkennung suchte. Die nächste Rune, die sie zog, hieß *Manaz*, das Selbst. Hier reagierte sie ganz stark auf den Satz: »Sie waren damit beschäftigt, die Wünsche und Bedürfnisse anderer zu erfüllen, ohne sich darum zu kümmern, was Sie selbst brauchen, was Sie selbst wirklich wollen.«

Sibylle konnte sich mit einemmal wie in einem Spiegel selbst beobachten. »Ich sah mich schuften, mich kaputtmachen, und konnte sehen, du machst das, um den anderen zu gefallen!«

Sibylle begann eine Psychotherapie, in der sie lernte, anders als bisher mit diesen Ängsten umzugehen. »Ich kam zu dem Ergebnis: Ich mache das, um geliebt zu werden. Ich stellte gleichzeitig aber fest, daß es so was wie ein Versuch war, mir auch noch als Erwachsener die Liebe meiner Eltern zu holen.«

Sibylle fing noch während der Psychotherapie an, sich intensiver mit Runen zu beschäftigen. Aus den anfänglich kleinen Tests mit der Einrunentechnik, die ihr erste Einsichten vermittelten, wurden schnell komplexere Versuche mit den Runen. »Ich entwickelte mich zu einer begeisterten Runenlegerin. Ein-, zweimal die Woche stellte ich meine Frage an die Runen. Ich traute mir dann auch zu, schwierige Dinge anzugehen – so zum Beispiel: Was will ich in meinem Leben überhaupt erreichen? Es war so, als wäre ein Damm gebrochen. Mit einemmal machte ich Fortschritte in allen möglichen Bereichen, die vorher gar nicht denkbar gewesen waren.«

Ähnlich wie Sibylle erleben viele Runenleger schon zu Beginn ihrer Beschäftigung mit den Runen unglaubliche Effekte, die sich im Laufe der kontinuierlichen Weiterentwicklung sogar noch verstärken können.

Soforthilfe bei kleinen Problemen: Die Odinsrune

Für einfache Problemstellungen legt man keine komplizierten Runenräder- oder -häuser, sondern eine einzelne Rune, die in derartigen Fällen genügend Aufschlüsse geben kann. Diese Einrunentechnik wird auch als die »Odinsrune« bezeichnet – und ist bitte nicht mit der »leeren« Rune Odin zu verwechseln. Wir wollen diese Legetechnik anhand eines kleines Beispiels durchspielen:

Michael Bender, ein dreiunddreißigjähriger junger Mann, von Beruf Computeringenieur, hat ein Problem. Auf einer Silvesterparty lernte er eine junge Frau kennen. Nur einen Tag später fragte er sich, ob er sie anrufen sollte, um sich mit ihr zu verabreden.

Michael beschäftigte sich schon seit längerem mit den Runen. Als Computeringenieur, der es von seiner Tätigkeit gewohnt ist, streng wissenschaftlich, vor allem mathematisch zu denken, fand er schnell Gefallen an dieser intuitiven Art der Auseinandersetzung mit sich selbst. Also befragte er die Runen.

Als erstes formulierte er eine Frage an die Runen. Sie war schnell gefunden: »Soll ich mich mit dieser jungen Frau verabreden?«

Er ließ diese Frage in seinem Kopf herumgehen, auf sich wirken. Er konzentrierte sich auf das Bild der jungen Dame und griff dann in den kleinen, schwarzen Runenbeutel. Er spürte die kühlen Steine an seinen Fingerspitzen und bekam eine Rune zu fassen. Er zog sie heraus und legte sie mit dem Zeichen nach oben vor sich hin. Es war *Wunjo*, die Rune der Freude.

Aber sie lag umgekehrt, auf dem Kopf stehend, vor ihm. Er wußte, daß das etwas anderes zu bedeuten hatte, als wenn diese Rune aufrecht liegen würde. Er las den dazugehörigen Text:

»Es scheint einiges zu geben, das Sie behindert. Verschließen Sie nicht die Augen. Nun ist Ehrlichkeit gefordert. Betrachten Sie Ihr Tun realistisch. Können Sie sich nicht freuen über das, was geboten wird? Müssen Sie immer alles negativ sehen? Was Sie nun brauchen, ist Geduld. Lassen Sie sich auf Ihrem Weg durch nichts beirren. Alles ist eine Prüfung und dient dazu, Sie weiterzubringen. Vergessen Sie das nicht!«

Auf den ersten Blick schienen diese Zeilen Michael bei seiner Entscheidung, ob er sich mit der jungen Frau treffen sollte oder nicht, nicht sehr viel weiterzuhelfen. Doch das täuscht. Denn Michael reagierte wie jeder Mensch auf bestimmte Passagen des Textes sehr emotional. Ein bestimmter Aspekt des Textes sprach gerade ihn näher an. Im Grunde genommen war es sogar nur ein Wort: »Geduld.«

Michael wußte, daß er, was Frauen betraf, bislang sehr ungeduldig war. Das sah er durchaus realistisch. Ihm war auch klar, daß diese Ungeduld daraus resultierte, daß er schon einige Enttäuschungen mit neuen Beziehungen erlebt hatte. Immer wieder hatte ihm seine Ungeduld einen Strich durch die Rechnung gemacht. Er bedrängte die

Auserwählten, ließ sie kaum noch in Ruhe, rief sie
dauernd an, holte sie von der Arbeit ab. Dies alles
wußte er genau. Sein »schlechtes Gewissen« meldete sich. Eine Stimme in ihm sagte: »Du bist zu
ungeduldig. Warte und laß es mehr auf dich zukommen.«

Die Odinsrune brachte nun diesen Aspekt von
Michael, den er sich nur schwer eingestehen
mochte, an die Oberfläche seines Bewußtseins.
Deswegen reagierte er sehr empfindsam auf das
Wort »Geduld« in der Runeninterpretation. Er
beschloß aufgrund der gezogenen Rune, noch
nicht anzurufen und ein paar Tage verstreichen zu
lassen. Nach dieser Entscheidung verspürte er mit
einemmal eine tiefe Ruhe. Sein Körper signali-
sierte ihm auf diese Weise: Das ist eine richtige
Entscheidung!

Die kleine Geschichte könnte hier schon zu Ende
sein – zeigt sie doch, wie Runen funktionieren: indem sie verschüttete Gefühle an die Oberfläche
unseres Bewußtseins befördern und für uns nutzbar machen. Aber das war nicht alles, was Michael
mit der Odinsrune, der Einrunentechnik, erlebte.
Ein paar Stunden nach seinem Entschluß, das
Mädchen nicht anzurufen, es nicht zu bedrängen,
geschah so etwas wie ein kleines Wunder. Die
junge Frau rief selbst an und lud Michael zum Es-
sen ein. Und noch etwas passierte. Michael zog

noch einmal eine Odinsrune und fragte sie: »Soll ich oder soll ich nicht?«

Wieder fiel *Wunjo*, die Rune der Freude, doch diesmal lag sie »richtig« herum.

Die Odinsrune ist eine der praktischsten und einfachsten Arten, eine Rune zu ziehen. Sie verhilft uns in den meisten Fällen zu einem Aha-Erlebnis. Der amerikanische Runenfachmann RALPH BLUM spricht hier vom »Orakel des springenden Punktes«. Die Odinsrune weist uns schnell und einfach auf ein wesentliches Element des anstehenden Problems hin.

Natürlich *verhilft* sie lediglich zu einer Lösung des aktuellen Problems. Mit ihrer Unterstützung können wir noch nicht die tieferliegenden Ursachen, das eigentliche Grundproblem, angehen. Hierzu bedarf es einiger weiterer Techniken.

Kehren wir noch einmal zu unserem Beispiel zurück. Michael Bender hatte sich nicht nur mit einer aktuellen Schwierigkeit auseinandergesetzt, sondern man kann vermuten, daß noch mehr dahintersteckte. Im Grunde genommen schien er unter Schwierigkeiten zu leiden, die in unserer heutigen Zeit sehr verbreitet sind:

Er konnte nicht warten.

Er wußte nicht, was »richtig« ist.

Diese Mängel erweisen sich heute für viele Menschen als großes Problem. Sie haben ihre Ursachen in einem zunehmenden Verlangen nach Sofortbefriedigung. In dieser Hinsicht wird unsere Gesellschaft immer »kindischer«. Das heißt: Ähnlich wie kleine Kinder erwarten wir die sofortige Erfüllung unserer Wünsche. Eine ausgeklügelte psychologische Werbung unterstützt diese Tendenz. »Kein Geld? Kein Problem! Mit einem Kredit hilft Ihnen Ihre Bank weiter.«

Es ist hier nicht der Platz, um diese Tendenz genauer zu untersuchen. Für unsere Zwecke soll es genügen, sie zu konstatieren. Der Umgang mit Runen kann allgemein helfen, sich weiterzuentwickeln. Denn es geht hier nicht darum, bestimmte Bedürfnisse zu »verbieten«, sondern darum, warten zu lernen, bis die Zeit für ein bestimmtes Ereignis reif geworden ist. Oder anders ausgedrückt: wann *wir* reif dazu sind.

Solange wir uns nicht weiterentwickeln, solange wir in einem fast kindlichen Stadium verharren, haben wir natürlich auch kein ausgeprägtes Selbstwertgefühl. Unser Selbstbewußtsein ist angeschlagen, nur mäßig ausgebildet und führt zu ständigen Unsicherheiten. Wir wissen immer weniger, was (für uns) richtig und was falsch ist.

Um besser herauszufinden, was es ist, das wir brauchen, um uns weiterzuentwickeln, können wir auf fortgeschrittenere Runentechniken zurückgreifen. Sie sind imstande, uns zu helfen, mehr über uns selbst, unsere Möglichkeiten und Begrenzungen zu erfahren.

Wenn Sie sich einen Überblick über Ihre persönliche Weiterentwicklung verschaffen wollen, aber auch, um sich möglichst nicht zu verzetteln, rate ich Ihnen: Führen Sie ein Runentagebuch. Das geht sehr einfach und hat eine ganze Reihe von Vorteilen:

Besorgen Sie sich ein kleines Vokabelheft, in das Sie zunächst einige Stichwörter zu Ihrem Problem notieren. Dann notieren Sie die Frage an die Runen und das Wichtigste, die Runenantwort, also die Rune selbst.

Im Laufe der Zeit erhalten Sie so eine detaillierte Auflistung der verschiedenen Probleme, mit denen Sie sich beschäftigt haben, können sogar eventuell wiederkehrende oder Häufungen erkennen, und Sie sehen an den Runen, die zu Ihren Fragen fallen, auf welche Weise sich die Problemlösung gestaltet.

So ein Runentagebuch ist eine schöne Sache – vor allem dann, wenn man sich ganzheitlich entwickeln will. Wir sehen anhand der Runen, welche Bereiche über- und welche unterrepräsentiert sind. Auf diese Weise lassen sich neue Zielpunkte fixieren und »blinde Flecken« entdecken. Das regelmäßig geführte Runentagebuch sorgt dafür, daß wir die Übersicht nicht verlieren, denn nur allzu schnell vergessen wir, welche Runen zu welcher Frage schon einmal gefallen sind.

Bevor Sie sich jedoch an fortgeschrittene Runentechniken machen, sollten Sie sicherstellen, daß Sie mit den Grundbedeutungen der Runen einigermaßen vertraut sind. Am besten üben Sie einige Male mit der Odinsrune, bevor Sie sich an kompliziertere Zusammenhänge wagen. Die nachfolgenden Beispiele aus der Einrunentechnik können der weiteren Verdeutlichung dienen.

Einfache Rituale

Jedes Jahr zu Silvester treffen sich einige Paare und Einzelpersonen bei einem Bekannten und feiern gemeinsam den Jahreswechsel. Eine Viertelstunde nach Mitternacht, nachdem man sich zugeprostet und für das neue Jahr viel Glück gewünscht hat, vollzieht sich ein geheimnisvoll anmutendes Ritual. Die Gäste sitzen im Kreis um einen kleinen Tisch und warten gespannt. Der Gastgeber, ein bärtiger Psychologe, hält nacheinander jedem der Anwesenden einen schwarzen Beutel hin. Die- oder derjenige greift hinein und wühlt mit den Fingern darin herum, zieht dann einen kleinen Stein mit einem eingeritzten Symbol darauf heraus und zeigt das Zeichen den anderen – bevor es in den Beutel zurückwandert.

Die Fragen, welche die einzelnen Gäste des Psychologen jedes Jahr aufs neue an die Runen stellen, sind ganz unterschiedlich.

Claudia, eine Lehrerin, gerade dreiunddreißig Jahre alt geworden, möchte wissen, ob sie dieses Jahr einen neuen Partner findet. Sie zieht die Rune *Gebo.*

Gebo ist die Rune der Partnerschaft, und ihre Interpretation lautet:

Partnerschaft *(Gebo)*

»*Gebo* ist auch – wie das Zeichen erkennen läßt – die Rune der Kreuzung. Hier treffen zwei bislang getrennte Wege zusammen. Das kann sich auf die Kombination bestimmter Eigenschaften in Ihnen, die bisher nur einzeln wirksam waren, beziehen oder auch auf das Zusammentreffen zweier Menschen, die sich begegnen, sich finden.

Die Rune der Partnerschaft signalisiert, daß Sie
dabei sind, sich wieder mit Ihren abgespaltenen
Eigenschaften zu versöhnen und mit ihnen eine
neue Verbindung einzugehen. Ganzheit ist das
Ziel dieser Partnerschaft, und das hat Ihnen bisher gefehlt. Nun ist es an der Zeit, solches nachzuholen. Aber Achtung: Diese Partnerschaft ist
auch ein Geschenk. Sie können sich nur bereit
dazu machen, Sie können sie aber nicht erzwingen.

Für diejenigen, die schon mit sich selbst im
Einklang leben, weist *Gebo* auf eine Gemeinschaft mit anderen hin. Hier sind Leichtigkeit,
Freiheit und etwas Distanz geboten, damit es
eine wirklich gleichberechtigte Verbindung werden kann. Gute Beziehungen zeichnen sich
durch die Eigenständigkeit der Partner aus. Das
heißt: Lassen Sie den anderen, so wie er oder sie
ist, und versuchen Sie nicht zu manipulieren,
sondern wecken Sie Ihrerseits die verborgenen
Kräfte im anderen.«

Die junge Lehrerin ist mit dem Ergebnis der Ziehung zufrieden. Daß sie aus 25 verschiedenen
Runen ausgerechnet jene der Partnerschaft gezogen hat, wertet sie als ein gutes Zeichen. Auch
der Interpretationstext sagt ihr zu. Besonders gut

gefällt ihr die Stelle: »Für diejenigen, die schon mit sich selbst im Einklang leben, weist *Gebo* auf eine Gemeinschaft mit anderen hin.«

Der nächste Fragesteller in der Runde, ein junger Mann namens Bert, ist daran interessiert, wie es um seine berufliche Selbständigkeit im neuen Jahr bestellt ist. Er fragt: »Muß ich dieses Jahr viel arbeiten oder nicht?« Er greift in den Beutel und läßt die Hand lange darin. Man hört, wie er mit den Fingern zwischen den Runen herumwühlt. Die Runen prallen mit kleinen »klickenden« Geräusche aneinander. Dann scheint er eine gefunden zu haben, die ihm zusagt. Mit einem Lächeln auf dem Gesicht zieht er einen Stein hervor und zeigt ihn dem Gastgeber.

   »Diese Rune heißt *Hagalaz*«, sagt dieser, »es ist eine sehr komplizierte Rune, nicht leicht zu verstehen.« Er beginnt die Interpretation vorzulesen.

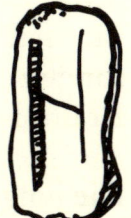

Auflösung *(Hagalaz)*

»*Hagalaz* ist eine der schwierigsten Runen überhaupt. Sie zeigt einen großen Schub der Selbstveränderung an. So gesehen, ist sie positiv zu beurteilen. Aber wie so oft geschieht diese Selbstveränderung meistens durch etwas, was wir noch nicht sehen können oder wollen. Im Klartext heißt das: Wir müssen mit einer Revision unserer Pläne rechnen. Allerdings im Sinne einer Botschaft, die uns sagen will: *Dies ist nicht der richtige Weg!*

Hagalaz soll Ihnen nun zeigen, daß Sie anscheinend noch zu sehr auf das Ergebnis starren und weniger den Weg im Blick hatten. Anders ausgedrückt: In Ihrer Angelegenheit ist nicht das Ergebnis wichtig, sondern die Art und Weise, wie Sie es erreichen. Damit Sie das erkennen können, sagt *Hagalaz*: So geht es nicht weiter! Ihre Pläne scheitern, Ihre Ziele scheinen unerreichbar, Ihr Streben bekommt einen Dämpfer.

Trotzdem sollten Sie an dieser Stelle weder in Angst noch in Verzweiflung verfallen. Diese Gefühle verstellen Ihnen nur den Blick dafür, daß die Auflösung Ihrer Pläne notwendig und nützlich für Ihr weiteres Wachstum ist. Sobald Sie sich von diesen Gefühlen befreit haben, werden Sie einsehen, daß diese Unterbrechungen notwendig waren, um Sie wieder auf den richtigen Weg zurückzuführen.

Hagalaz gibt es nur aufrecht, nicht umgekehrt. Lassen Sie sich nicht von dieser schwierigen Rune verunsichern. Auch wenn es nun scheint, als ob etwas schiefgehen würde. Warten Sie ein wenig, und Sie werden erkennen können, daß das notwendig war!«

Berts Gesichtsausdruck verändert sich von einem Moment zum nächsten. Aus dem eben noch lustigen Jungunternehmer, der sich lässig und souverän an dieser »Silvesterspielerei« nur beteiligte, weil sie alle mitmachten, wird in Sekundenbruchteilen ein sehr nachdenklicher Mensch. Er legt die Rune auf den Tisch, als sei sie aus glühendem Eisen.

»Siehst du«, sagt seine Frau Monika, »ich habe doch schon immer geahnt, daß das nicht gutgehen kann!« Monika Märtens, selbst auch Psychologin, steht der Selbständigkeit ihres Mannes skeptisch gegenüber. Sie glaubt nicht an einen Erfolg. »Er sieht das alles viel zu locker, mehr als Spiel«, versucht sie den anderen Gästen zu erklären.

Der Gastgeber schaltet sich ein: »Wir machen weiter, und wir wollen, nach Möglichkeit, die Runeninterpretation nicht zerreden. Jeder soll selbst sehen, was er damit anfängt. Ich mache euch später von dem Text eine Fotokopie, die ihr mit nach Hause nehmen könnt. Dann könnt ihr ihn noch einmal in Ruhe durchlesen und auf euch wirken lassen. Meistens erschließt der Text sich einem erst viel später.«

Nun ist Monika Märtens selbst an der Reihe. Sie greift in den kleinen, schwarzen Stoffbeutel mit den geheimnisvollen Steinen. Ihr Mann Bert beginnt zu frotzeln: »Na, jetzt wollen wir doch mal sehen, was dir so bevorsteht!«

Der Gastgeber ermahnt zur Ruhe: »Keine Kommentare, bitte!«

Monika sagt: »Ich möchte wissen, ob ich mich noch in diesem Jahr mit einer freien Praxis selbständig machen soll?«

Es wird ganz still. Alles starrt auf den Stoffbeutel und die darin verborgenen Finger von Monika Märtens. Ein paar Sekunden lang scheinen alle den Atem anzuhalten. Dann zieht sie eine Rune heraus und legt sie vor sich hin. Ein Raunen geht durch den Raum.

»Diese Rune heißt *Jera*, das bedeutet ›Ernte‹«, sagt der Gastgeber und nimmt das Buch mit den Runeninterpretationen zur Hand. »Es ist eine sehr interessante Rune mit einer ganz kurzen Interpretation.« Er liest vor:

Ernte *(Jera)*

»Bald werden Sie den Lohn für Ihre Plackerei erhalten. Sie scheinen nun den richtigen Weg eingeschlagen zu haben. Wenn Sie *Jera* gezogen haben, können Sie sich darauf vorbereiten zu ernten. Aber denken Sie stets daran: Der Boden muß gedüngt, die Saat eingebracht, das Saatgut gewässert und das Unkraut gejätet werden, bevor es soweit ist. Alles dauert seine Zeit. In welcher Phase der Erntevorbereitung stecken Sie?

Wenn die Zeit reif ist, werden Sie eine reiche Ernte einfahren können.«

Monika Märtens nickt zustimmend mit dem Kopf. »Ja, das klingt gut!« Sichtlich zufrieden mit der Interpretation lehnt sie sich zurück.

Die nächste Fragestellerin ist Sigrid Stoll, einunddreißig Jahre alt und als Trainerin in einem Fitneßstudio beschäftigt. Sigrid hat sich gerade von ihrem Partner getrennt, mit dem sie lange Jahre zusammengelebt hatte. »Ich will wissen, ob ich mich wieder mit einem Mann einlassen kann!« Mit einem schnellen Griff zieht sie eine Rune aus dem Beutel, ohne lange zu überlegen oder die Runen zu betasten wie die anderen. Sie legt die Rune vor sich auf den Tisch. »Na . . .?« schaut sie den Gastgeber fragend an, ohne einen Blick auf die gezogene Rune zu werfen.

Alles lacht. Vor ihr liegt *Jera*, die Rune der Ernte, die auch schon von Monika Märtens aus dem Beutel geklaubt worden war.

»Muß ich das noch einmal vorlesen?« fragt der Gastgeber.

»Nein, danke. Ich weiß Bescheid!« schmunzelt Sigrid.

Der nächste Fragesteller, Peter Niemitz, ein junger Elektronikingenieur, möchte herausfinden, ob er sich der Forschung verschreiben soll. Er greift in den kleinen schwarzen Beutel und wühlt lange und konzentriert darin herum. Er läßt sich Zeit. Alles wartet gespannt. Dann zieht er seine Finger aus dem Beutel. Zeigefinger und Daumen halten den Stein; er betrachtet ihn und legt ihn vorsichtig vor sich hin.

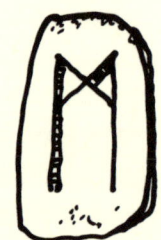

Das Selbst *(Manaz)*

»Diese Rune steht für den Menschen an sich. Innerhalb der einzelnen Runenlegesysteme nimmt sie immer eine zentrale Stellung ein. Man kann annehmen, daß sie innerhalb des germanischen Weltbildes auch den Menschen im Unterschied zu den Göttern bezeichnete.

Das Selbst ist eine der bedeutendsten Runen. Wird sie bei einer Fragestellung gezogen, so deutet das auf ein dringendes Bedürfnis hin. ›Kommen Sie zu sich selbst, leben Sie nach Ihrer wahren Natur!‹ lautet die Botschaft dieser Rune. Wenn Sie diese Rune ziehen, bedeutet das nichts anderes als einen Hinweis darauf, wahrhaftig zu sein. Bisher haben Sie sich nicht oder nur wenig um Ihr wahres Selbst gekümmert. Sie haben sich leben lassen, die Wünsche und Bedürfnisse anderer erfüllt, ohne sich darum zu kümmern, was Sie selbst brauchen, was Sie selbst wirklich wollen. Nun ist es an der Zeit, sich darum zu kümmern, was in Ihnen schlummert und verwirklicht werden will. Wenn diese Rune fällt, fragen Sie sich, was Sie wirklich wollen. Die Rune des Selbst zeigt Ihnen, gleichsam im Spiegel, daß Ihnen der Zugang zu Ihrer wahren Natur bisher versperrt war. Räumen Sie die Blockaden und die Hindernisse zur Seite, werden Sie Sie selbst!

Fällt diese Rune *umgekehrt* (Rune auf dem Kopf stehend), bedeutet es nichts anderes als eine Blockade auf Ihrem Weg zu sich selbst. Irgend etwas oder jemand steht Ihnen im Weg. Vielleicht sind Sie es selbst? Oder vielleicht haben Sie sich zu sehr an anderen orientiert? Nun ist es wirklich an der Zeit, sich nach innen zu wenden und die anderen in Ruhe zu lassen. Was Sie an anderen stört, was Sie an ihnen nicht mögen, ist nichts weiter als das, was Sie bei sich selbst (noch) nicht zu sehen imstande sind. Das Selbst umgekehrt heißt auch: Sie haben bisher einige Eigenschaften, die Sie an sich nicht mochten, abgespalten und sich so unvollständig gemacht. Wenn Sie *Manaz* umgekehrt ziehen, heißt das auch: Machen Sie sich auf die Suche nach den ungeliebten Eigenschaften, integrie-

ren Sie Ihre abgespaltenen Teile wieder und ver-
vollständigen sich so. Es gibt keine ›schlechten‹
Eigenschaften, sondern nur fehlgeleitete Energien.«

»Du hast ›Das Selbst‹ richtig herum gezogen«,
sagt der Gastgeber. »Das ist eine der schönsten
und schwierigsten Runen zugleich, die uns darauf
aufmerksam machen will, nach unserer wahren
Natur zu leben. Aber da fängt es schon an: Was ist
denn unsere wahre Natur?«

»Das ist schon okay, ich kann was damit anfangen, und ich weiß nun auch, was ich in Zukunft
machen werde«, meinte der junge Mann. »Ich
finde, daß das eine sehr schöne und emotionale
Rune ist, für mich wie maßgeschneidert.«

Nun ist Mareike Hellmann an der Reihe. Auch sie
beschäftigt die Frage, ob sie dieses Jahr einen Partner findet. Mareike, eine fünfunddreißigjährige
alleinstehende Mutter von drei kleinen Kindern
im Alter von vier, sechs und acht Jahren, mußte
eine sehr schwierige Zeit hinter sich bringen. Ihr
Exmann hatte sie über Nacht mit den Kleinen sit-
zengelassen und war ohne Vorwarnung zu einer
anderen Frau gezogen. Ihr Leben ist im Moment
»ein einziger Krampf«. Dauernd muß ich mich
mit Martin herumärgern: Holt er die Kinder am
Wochenende, oder holt er sie nicht?«

Sie greift zielsicher in den Beutel und läßt ihre Finger langsam über die Runen gleiten. Alle lauschen gespannt dem leisen Klickern der Steine. »Aha, das ist sie!« meint Mareike und zieht eine Rune hervor.

»Und, wie lautet das Urteil der Steine?« fragt sie etwas spöttisch den Gastgeber. »Die Runen meinen es gut mit dir, Mareike. Diese hier heißt:

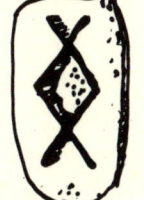

Fruchtbarkeit *(Inguz)*

Inguz ist die Rune der Fruchtbarkeit und des sicheren Wachstums. *Inguz* macht Sie nun darauf aufmerksam, daß die Welt darauf wartet, daß Sie Ihre Ideen, Ihre in Ihnen angelegten Potentiale, Talente und Begabungen zum Ausdruck bringen. Alles, was Sie dazu brauchen, steckt in Ihnen. Nichts fehlt. In jeder Zelle Ihres Körpers ist es schon angelegt. Sie brauchen nichts anderes zu tun, als es zum Wachsen zu bringen. Wie viele Ideen verbergen sich unentdeckt in Ihrem Kopf? Wie viele Aufgaben warten nur darauf, erledigt zu werden? Wie viele Ideenkeime wollen gesät werden?

Ihr Gehirn besteht aus mehr als fünfzehn Milliarden Zellen, die Sie bisher nur zu einem ver-

schwindend geringen Teil, vielleicht zu fünfunddreißig Prozent, genutzt haben. Wozu haben Sie
die anderen? Die sind geradezu bereit, endlich
einmal richtig genutzt zu werden! Sie werden
noch staunen, wozu Sie in der Lage sind, wenn Sie
endlich beginnen. Nur anfangen müssen Sie
selbst. Pflanzen Sie den Keim für Ihre Befreiung!

Inguz ist die Rune der Schöpfung, der Befruchtung, des Wachstums. Hier geht es darum, den
Keim für Ihre Befreiung zu säen. Inguz fordert Sie
auf, endlich Ernst zu machen, den Samen in den
Boden zu legen, etwas Erde darüberzutun und ihn
zu pflegen. Düngen, wässern, schützen sind hier
die Arbeiten, die von Ihnen verlangt werden.

Vielleicht ist es auch an der Zeit, daß Sie erst
einmal den Boden vorbereiten, Ihre Ideen, die
schon lange in Ihnen gewachsen sind, nun endlich
zu pflanzen, sie zu pflegen und ihre Weiterentwicklung zu überwachen. Fangen Sie an. Auch die
beste Idee kann verkümmern, wenn sie nicht zur
richtigen Zeit ausgebracht wird. Vielleicht ist die
Zeit reif, daß Sie nun Ihre langgehegten Pläne auch
in die Tat umsetzen. *Inguz* bedeutet: Tun Sie es,
die Zeichen dafür stehen günstig. Ihre Aktionen
werden fruchtbar sein und reiche Ernte einbringen, wenn Sie sich um sie kümmern, sie pflegen,
bewässern und von Zeit zu Zeit etwas Unkraut
ausreißen.

Inguz gibt es nicht umgekehrt. Nichts kann Sie

behindern, wenn Sie *Inguz* ziehen. Aber handeln müssen Sie selbst!«

»Das werde ich auch«, meint Mareike und lehnt sich beruhigt zurück.

Neben Mareike sitzt Gudrun Reiter. Die vierundzwanzigjährige Bürokauffrau ist mit ihrem Mann Gerd da. Und der flachst schon die ganze Zeit herum: »Man muß das ja nicht alles glauben, oder?«

»Ich möchte es trotzdem auf einen Versuch ankommen lassen«, sagt Gudrun. Sie greift in den Beutel. »Ich will wissen, ob ich wieder berufstätig werden soll.« Einen kleinen Moment wartet sie, dann zieht sie die Hand heraus. Sie betrachtet den Stein und legt ihn vor den Gastgeber hin.

Schutz *(Algiz)*

»In alter Zeit bedeutete Algiz auch Riedgras oder Binsen. Unsere Vorfahren meinten, diese Gräser würden ihnen mit ihrem Rascheln anzeigen, wenn ein Feind sich näherte.

Die Rune *Algiz* ruft uralte Erkenntnisse in Ih-

nen wach. Sie können mit ihrer Hilfe wieder lernen, auf die Signale Ihrer Umwelt oder Ihres Körpers zu achten und nach ihnen zu leben. Für manche bedeutet dies, ihr Leben zu verlängern, denn
ohne *Algiz* würden sie an den Folgen der Mißachtung dieser Signale sterben.

Algiz ist die Rune der bewußt erlebten Angst.
Sie zu ziehen bedeutet: Versuchen Sie nicht, Ihren
Gefühlen zu entfliehen, sondern bleiben Sie bei
Ihnen! Angst bewußt zu erleben bedeutet, einen
Schutz zu haben. Aber wie bei allem geht es auch
hier um das rechte Maß. Zuviel schadet ebenso
wie zuwenig. Es liegt in Ihrer Hand, das rechte
Maß für sich zu finden. Nur Sie allein können wis-
sen, wieviel Ihnen guttut. Bleiben Sie bei der
Angst, versuchen Sie nicht, vor ihr davonzulaufen.
Beobachten Sie sie, und fragen Sie sich, was sie zu
bedeuten hat. Wo läuft etwas falsch in Ihrem Le-
ben?

Fällt die Rune *umgekehrt* (auf dem Kopf stehend), so kann dies als Hinweis verstanden werden, daß die Angst (noch) verleugnet wird. Vielleicht sind Sie noch nicht in der Lage, den
Schutzaspekt der Emotion zu erkennen? Wovor
laufen Sie immer noch weg?«

»Hört, hört!« meint der Ehemann nur. Aber so
ganz wohl scheint ihm nicht mehr zu sein. Er
wirkt etwas nachdenklicher als noch Minuten zu-

vor. Nun ist er selbst an der Reihe. »Ich will wissen, ob ich mir ein neues Auto kaufen soll!« Er nimmt den kleinen schwarzen Beutel und greift beherzt hinein. »Bringen wir es hinter uns!«

»Da hast du aber eine passende Rune erwischt, Gerd«, lacht der Gastgeber und liest die Interpretation vor:

Besitz *(Fehu)*

»Früher war *Fehu* die Rune des Viehs. Sie stand für den Besitz von Gütern und Lebewesen, also für alles, was seinem Eigentümer Reichtum verhieß. Heute wird *Fehu* anders interpretiert. Unserer eigentlicher Reichtum besteht nicht in der Ansammlung von materiellen Reichtümern, sondern in der Weiterentwicklung unserer Persönlichkeit. Zwar verheißt *Fehu* auch Gewinn und Profit, aber Sie bekommen nur das, was Sie sowieso schon lange verdient haben. Der eigentliche Lohn Ihrer Mühen liegt ganz woanders: Sie können wieder Freude empfinden über diese Geschenke, es fällt Ihnen aber auch leicht, ohne sie zu leben. In dem Moment, in dem Sie sich vom materiellen Reichtum lösen, geschieht etwas Paradoxes: Nun erhal-

ten Sie alles, was Sie sich schon lange gewünscht
haben.

Fehu wird auch die Rune der Erfüllung genannt. Sie zu ziehen bedeutet, einen großen
Schritt in der Entwicklung der Persönlichkeit
weitergekommen zu sein. *Fehu* deutet auf Geschenke, Überraschungen, Reichtum hin. Aber
Vorsicht: Fragen Sie sich, was es ist, das Sie brauchen. Vielleicht sind Sie noch zu sehr der materiellen Welt verhaftet?

Der Erfolg, der Ihnen nun bevorzustehen
scheint, bietet die Möglichkeit, mit anderen zu teilen. In dem Maße, wie Sie sich von der materiellen
Welt lösen, werden Sie einen ganz anderen Reichtum kennenlernen. Dieser Schatz wartet schon
lange darauf, gehoben zu werden. Er liegt direkt
vor Ihrer Nase: Er steckt in Ihnen!

Wenn Sie ihn gehoben haben, brauchen Sie
nicht mehr nach materiellen Gütern zu streben.
Die Sucht, das Rennen um den Erfolg, der Ehrgeiz, besser als alle anderen zu sein, haben dann
ihr Ende gefunden. All das verblaßt angesichts
dessen, was Sie in sich selbst entdecken können.
Der eigentliche Reichtum dieser Welt liegt in den
Herzen und Köpfen ihrer Bewohner.

Doch *Fehu* gibt es auch *umgekehrt* (auf dem
Kopf stehend): Was hindert Sie daran, anzunehmen, was geboten wird? Vielleicht können oder
wollen Sie noch nicht glauben, daß die Jagd nach

Ruhm und Reichtum zu Ende sein soll. Dabei ist
es doch so einfach: Alles, was Sie brauchen, haben
Sie schon. Es wurde Ihnen mitgegeben. Sie tragen
es schon seit Ihrer Geburt mit sich herum.

Fällt *Fehu* umgekehrt, macht Sie die Rune darauf aufmerksam, daß Sie noch lernen müssen. Ihr
Weg zur Weisheit ist noch nicht zu Ende. Sie haben noch ein paar Lektionen vor sich, die Ihnen
diesen Weg weisen wollen. Werden Sie wach. Machen Sie sich bewußt, was Sie noch brauchen.
Achten Sie besonders auf Enttäuschungen. Sie
sind der Wegweiser zum Erfolg!«

Der bis dahin so fröhliche und nie um einen Kom-
mentar verlegene Gerd Reiter wird mit einem
Schlag ruhig. Sein Gesicht rötet sich. Einige Anwesenden grinsen. Aber niemand sagt etwas.

Nun ist die Frau des Gastgebers an der Reihe.
Auch sie ist fünfunddreißig Jahre alt und arbeitet
in einer Suchtklinik als Therapeutin. Sie möchte
die Frage beantwortet haben, ob sie ein »Sabbat-
jahr« einlegen soll. Sie möchte eine Zeitlang nichts
mehr mit Suchtkranken zu tun haben und einmal
»etwas ganz anderes machen«. Aber sie weiß noch
nicht genau, was.

»Soll ich, oder soll ich nicht?«

Auch sie greift langsam in den Beutel und läßt
ihre Finger bedächtig über die 25 Steine gleiten.

Kein Geräusch ist diesmal zu hören. Alles blickt gespannt und neugierig auf die Fragestellerin. Was werden die Runen diesmal antworten?

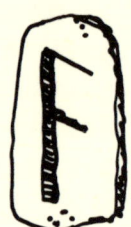

Signale *(Ansuz)*

»In unserer schnellebigen Zeit haben wir verlernt, auf feinere Signale zu achten. Im Gegenteil: Wir überhören sie sogar oftmals, zum Beispiel die unseres Herzens, mit Absicht, weil wir glauben, sie seien im Moment hinderlich. Nicht selten kann das, wie wir am Beispiel des Herzens erfahren können, schwerwiegende Folgen haben. Herzstiche werden einfach ignoriert, statt dessen wird noch mehr gearbeitet, und dann . . .

Hier geht es nicht um einfache, funktionelle Signale, sondern um Gefühle, die unser Herz aussenden kann und die wir oft geflissentlich ignorieren. *Ansuz* sagt uns: Gehe respektvoll mit dir selbst um. Höre auf das, was dir dein Körper sagt!

Sind Sie bereit, die Zeichen, die Ihnen geschickt werden, zu erkennen? Die Botenrune *Ansuz* verheißt Ihnen den Beginn eines neuen Lebens, wenn Sie die Zeichen der Zeit richtig deuten können. Achten Sie um sich herum auf weitere solcher Zeichen.

Aber *Ansuz* sagt auch: Bisher waren Sie blind für diese Zeichen. Nun ist es an der Zeit, die Augen zu öffnen und wirklich zu sehen. Was Sie brauchen, ist Wachheit aller Ihrer Sinne, um die vielfältigen Signale um Sie herum zu sehen und, was noch viel wichtiger ist, auch danach zu handeln.

Richtig erkannte Signale sind der Schlüssel zum Glück. So wie eine rote Ampel eine Aufforderung zum Anhalten ist, kann *Ansuz* Sie auffordern, Ihre Pläne neu zu überdenken. Halte inne und werde ruhig! Achte auf alles, was sich in dir regt und was es dir sagen will. Steht die Ampel aber auf Grün, dann ist volle Fahrt voraus angesagt. Dann ist nicht die Zeit, groß darüber nachzudenken, was man jetzt tun sollte, sondern intuitiv zu handeln.

Fällt die Rune *umgekehrt* (auf dem Kopf stehend), heißt es aufzupassen. Sie scheinen die Zeichen der Zeit noch nicht richtig erkannt zu haben. Vielleicht haben Sie ein Signal übersehen? Denken Sie daran: Alles, was Ihnen geschieht, hat seinen tieferen Sinn. Bei einigem Nachdenken können Sie vielleicht erkennen, was diese Zwangspause zu bedeuten hat und worin ihr Sinn besteht. Manchmal glauben wir in solchen Situationen, gescheitert zu sein, aber in Wirklichkeit war es die notwendige Voraussetzung für das, was danach kam und was besser war als das, was wir schon zu haben glaubten. Geben Sie nicht auf! Eine viel bessere Möglichkeit wartet auf Sie!

Der tiefere Sinn der umgekehrten Runen *Ansuz* offenbart sich uns oftmals erst später, wenn wir erkennen können, weshalb es besser war, daß es nicht gleich weiterging. Hinter dem Scheitern einer Möglichkeit lag schon der Keim zu einer neuen Chance.«

»Mann o Mann, darüber muß ich aber erst mal in Ruhe nachdenken!« Anneliese Wellert lehnt sich zurück.«

»Jetzt bist du an der Reihe«, sagt sie zu mir. »Was willst du diesmal von den Runen wissen?«

»Ich möchte wissen, wie sich mein letztes Buch verkaufen wird.«

Ich nehme den Beutel in die rechte Hand, greife mit der linken hinein, lasse die kühlen Steine zwischen meinen Fingern durchgleiten und – ich versuche einen Stein zu finden, der an meinen Fingern zu kleben scheint . . . Da bleibt einer haften. Den nehme ich, denke ich noch, und ziehe ihn heraus.

Es ist *Nauthiz*. Ich atme tief durch. Daß mir ausgerechnet diese Rune zwischen die Finger geriet . . .

Zwang *(Nauthiz)*

»*Nauthiz* ist der große Lehrmeister. *Nauthiz* löst in uns Unruhe aus. Wenn *Nauthiz* fällt, können Sie sich auf einige Schwierigkeiten gefaßt machen, die zu nichts anderem dienen, als Ihnen beim persönlichen Wachstum behilflich zu sein. Leider können wir diesen Aspekt des Zwanges nicht immer sehen, sondern neigen dazu, vor *Nauthiz* zu fliehen: in Tagträume, in belanglose Beschäftigungen, um die Langeweile ertragen zu können, in die Arbeit, um sich selbst nicht spüren zu müssen.

Vielleicht geht es Ihnen bei größeren Aufgaben oder lästigen Pflichten auch manchmal so wie mir bei der Arbeit an diesem Buch. Gerade zu Beginn kamen mir immer wieder Gedanken in die Quere, die mich daran hinderten, mich zu konzentrieren. Wenn ich am Schreibtisch saß, dachte ich mit einemmal an alle möglichen Dinge, die ich eigentlich noch erledigen müßte. Da gab es den Brief, den ich schon lange hätte beantworten sollen, da war ein Buch, das ich eigentlich vor dem Schreiben noch hätte lesen wollen, da war die innere Stimme, die immer wieder neue Varianten

anbot, um mich vom Schreiben abzuhalten. Da-
beibleiben ist hier gefordert, nichts anderes. Die
Botschaft von *Nauthiz* heißt: Mache deine Arbeit, und mach sie so gut, wie du es im Moment
kannst.

Nauthiz ist die Rune des starken Zwanges.
Hier geht es darum, Unangenehmes auszuhalten,
den tieferen Sinn in dieser Situation zu sehen.
Und seine Arbeit trotz aller Widrigkeiten zu tun.
Einsicht in die Notwendigkeit ist vonnöten.

Wir neigen immer wieder dazu, uns diesen
Zwang mit allerlei Ausreden vom Leibe zu halten, ihm aus dem Wege zu gehen. Aber Vorsicht:
Das Ausleben des Lustprinzips kann hier mehr
schaden als nützen. Auf unserem Weg der Weiterentwicklung, des Wachstums, ist Disziplin gefordert. Es geht hier nicht darum, irgendwelche
Gelüste zu befriedigen, sondern darum, zu wachsen und zu gedeihen. Und zwar nicht irgendwie,
sondern auf eine bestimmte Weise. Es geht
darum, den tieferen Sinn im Zwang zu erkennen.
Der Zwang lehrt uns, Beschränkungen nicht als
Stockungen, als Behinderungen zu erleben, sondern als weiterführende Möglichkeiten. Er führt
uns auf unserem Weg, und manchmal kann es
gut sein, sich seiner Führung zu unterwerfen;
dann werden wir erkennen, wozu es gut war.

In jeder Beschränkung, die wir auf unserem
Weg der Weitcrentwicklung erleben, liegt eine

Kurskorrektur verborgen, die uns auf den richtigen Weg zurückleitet. Je mehr Zwang Sie erleben, desto größer werden die Fortschritte sein, die Sie machen können.

Fällt die Rune *umgekehrt* (auf dem Kopf stehend), so werden wir aufgerufen, uns noch einmal zu besinnen. Hören Sie auf, sich gegen den Zwang zu wehren. Je mehr Sie dagegen ankämpfen, desto tiefer verstricken Sie sich in seinen Fängen. Sie verleugnen etwas in sich, aber was? Nutzen Sie den Zwang, um es zu erkennen, dann lassen Sie es los! Was immer es ist, es dient dazu, Sie auf den richtigen Weg zu bringen. Erkennen Sie hinter der Maske des Zwanges, der Beschränkung, den Hinweis auf den Weg, der hinter der Biegung auf Sie wartet.«

Wir saßen in dieser Nacht noch stundenlang zusammen und diskutierten die verschiedenen Runeninterpretationen. Einige der Anwesenden zeigten sich mit »ihren« Runen sehr zufrieden. Sie fühlten sich damit wohl. Andere, darunter auch ich, waren ziemlich nachdenklich geworden und überlegten, was das Ganze wohl für sie zu bedeuten hätte. Am frühen Morgen faßten wir den Beschluß, den nächsten Silvesterabend wieder zusammen zu verbringen und uns zu erzählen, wie es uns mit den Interpretationen im Alltag ergangen war, was wir erlebt hatten und wie alles wei-

tergegangen war. Und – um für das bevorstehende
Jahr wieder neue Runen zu ziehen.

Aus solch einfacher Technik kann sich für viele ein
erster – und dann dauerhafter – Kontakt mit Runen
und ihren potentiellen Möglichkeiten entwickeln.
Der spirituelle Autor WILLIAM G. GRAY hält der-
artige »Rituale« für eine gute Möglichkeit, sich mit
der Natur wieder in Einklang zu bringen. Er
schreibt in seinem Buch *Magie. Das Praxisbuch der
magischen Rituale*: »Die Rituale sollten mit den
Jahreszeiten im Einklang stehen. Im Frühling können Ideen gepflanzt werden, im Sommer gegossen,
im Herbst geerntet und im Winter gereinigt werden.« Das Grundmuster solcher »Feste« wie Silvester geht auf »das alte Um-das-Feuer-Sitzen« unserer Vorfahren zurück. Wir können heute solche
Bräuche wiederbeleben, indem wir zu Silvester unsere Gedanken für das neue Jahr überprüfen (reini-
gen) und außerdem auf diese Weise die Traditionen
unserer Urahnen aufrechterhalten.

Wie »funktionieren« die Runen?

Beim zuvor geschilderten Silvesterritual handelt
es sich um eine unsystematische, spielerische Be-

schäftigung mit Runen, die sich nichtsdestotrotz in mannigfaltigen Auswirkungen niederschlägt.

Warum löst das »Spiel« mit den Runen bei den meisten Menschen so starke Gefühle aus? Und was passiert mit diesen Gefühlen während des Runenlegens? Wenn wir uns noch einmal an Claudia, die junge Frau der Silvesterrunde, erinnern, dann wird vieles klarer werden. Claudia wollte wissen, ob sie mit einer neuen Partnerschaft rechnen konnte.

Wir haben es hier also mit einer ganz bestimmten, nur auf diesen einen Menschen zutreffenden Ausgangssituation zu tun. Claudia hat in der Frage der Partnerschaft mit einem Mann auf der einen Seite bestimmte Vorstellungen und Wünsche, die ein solches Zusammenleben betreffen. Andererseits hat sie schon einige Erfahrungen gesammelt. Beides beeinflußt die Art der Fragestellung und den Background, der hinter der Frage steht. Aber nicht nur das, auch in ihrem Kopf passiert während der Formulierung der Frage etwas. Bestimmte Areale, in denen die Erinnerung gespeichert ist, werden von der Frage aktiviert. Andere, in denen Pläne und Vorstellungen entstehen, die ständig mit den Erfahrungen abgeglichen werden, schalten sich hinzu. Claudia ist also, was die Gehirnaktivität betrifft, ohne es zu bemerken, sehr wach. Doch im Vergleich mit dem, was nun passiert, ist

diese Aktivität nur ein kleiner Teil. Runen ver-
größern und beschleunigen die Aktivität des Gehirns.

Während Claudia ihre Hand in den Beutel
steckt, senden Tausende von Nervenendzellen in
der Hand Signale an das Gehirn. Wußten Sie
zum Beispiel, daß in *einem Quadratzentimeter
Haut* mehr als vier laufende Meter Nervenfasern
stecken? Daß über zweihundert Schmerzpunkte
von dort Signale aussenden können? Daß sich
auf dieser kleinen Fläche mehr als dreitausend
Sinneszellen konzentrieren?

Es kommt also zu einem kleinen Feuerwerk
von Empfindungen, die »Kanonen« der Nerven-
endfasern »feuern«, was das Zeug hält, und diese
elektrischen Signale werden als Reize über Zig-
tausende, ja Millionen von Neuronen weitergeleitet – bis ins Gehirn. Dort öffnen sie bestimmte
Erinnerungsspeicher. So berühren die Fingerspitzen zunächst den weichen Stoffbeutel. In Claudias Gehirn stecken Erinnerungen, die mit Stoff-
empfindungen zusammenhängen und die bis ins
frühe Säuglingsalter zurückreichen. Hier ist das
erste Kratzen der Windel am Po ebenso gespeichert wie die Kuscheligkeit des ersten flauschigen
Pullovers, den sie als Teenager von ihrer Oma
geschenkt bekam. Oder die kühle, glatte Eleganz
der Seidenbettwäsche, die sie in ihrer ersten Partnerschaft von ihrem Freund geschenkt bekam.

Dann erfolgt die Berührung der kühlen Oberfläche der Steine.

Auch das kann ein Feuerwerk von Sinneseindrücken auslösen, die alle im Gehirn gespeichert sind. Gedanken an die ersten Ferien: ein See in den Bergen, runde, abgeschliffene, schöne Kieselsteine, die, flach übers Wasser geworfen, mehrmals über dessen Oberfläche hüpften. All das vollzieht sich aber in Millisekundenbruchteilen und meistens völlig unbewußt. Aber ein Teil dieser Empfindungen löst Einzelgefühle aus, die mit solchen Erinnerungen verknüpft sind.

Die vorformulierte Frage und die ersten kleinen Eindrücke beim Runenziehen lassen in der Fragestellerin eine Grundstimmung entstehen, auf die nun die gezogene Rune trifft: *Gebo*, die Rune der Partnerschaft. Allein das Wort »Partnerschaft« wertet die junge Frau schon als positiv. Hätte Claudia zum Beispiel *Hagalaz*, die Rune der Zerstörung, auf diese Frage gezogen, dann wäre ihre Reaktion gefühlsmäßig wahrscheinlich ähnlich ausgefallen wie die von Bert, der *Hagalaz* ja zog.

So löst also allein der Name der Rune beziehungsweise deren bekannte Bedeutung weitere emotionale Eindrücke aus, die sich mit den anderen verbinden. All das hängt eng mit Ängsten und Wünschen zusammen, die wir hinsichtlich unserer Fragestellung hegen. Aber das ist noch längst nicht alles, was eine einzelne Rune in uns zu bewirken vermag.

So hat jede Rune ihre eigene Klangfarbe. Über den Klang spricht die Rune im Gehirn diejenigen Regionen an, die für das Hören zuständig sind. Wieder werden weitläufige Gehirnareale aktiviert, die – wie auf Tonbändern – ganze Klangsymphonien gespeichert haben. Alle sind mit Erlebnissen und Empfindungen verbunden, die auf die schon vorhandenen treffen. Ein wahres Potpourri an Gefühlen wird aktiviert.

Hinzu kommt nun noch der Auslegungstext. Auch hier reagieren alle Menschen emotional auf bestimmte Textstellen, die sich mit irgendwelchen Erfahrungen decken.

Bei Claudia schlägt besonders eine Passage an, die präzise mit ihrem Bild von einer Partnerschaft übereinstimmt. Da ist die Rede von zwei selbständigen, gleichberechtigten Menschen, die eine Partnerschaft eingehen. Das entspricht genau ihren Vorstellungen. Die Information aus der Runeninterpretation trifft also auf eine Information ähnlicher oder gegensätzlicher Art in uns. Die ähnliche wird Zustimmung oder zumindest ein zustimmendes, positives Gefühl (»Ja, so ist es auch!«) wachrufen. Bei der gegensätzlichen Position beziehungsweise der nicht übereinstimmenden wird es zu anderen Empfindungen kommen. Hier wird der Text, die Rune oder der ganze »Hokuspokus« abgelehnt. Die gezogene Rune befördert also zunächst einmal die vorherrschende Grundstimmung an die Oberfläche unseres Bewußtseins. In Claudias Fall ist diese Stimmung im wesentlichen positiv. Wird der erste günstige Eindruck nun noch durch eine oder mehrere Übereinstimmungen verstärkt, so intensiviert sich das vorherrschende Gefühl zusätzlich. Neben dem Fühlen (Tastsinn und Gefühle im Körper) und Hören (Klang und Bedeutung) ist auch das Sehen von Bedeutung. Bei der Rune »*Gebo*« ist es ein Kreuz, das Assoziationen wecken kann: an eine Krippe als Futterbehälter (Nahrung) oder als Babybett, an die Krippe Jesu im Stall (Liebe, Zuwendung, Schutz, Geborgenheit).

Das Kreuz läßt sich aber ebenso als Weggabelung ausmachen, als markantes Zeichen, an dem es eine Entscheidung für den weiteren Weg zu treffen gilt. Aber wohin soll sich die Fragestellerin wenden? Welchen Weg soll sie gehen?

Zusätzlich können noch andere Empfindungsorgane angesprochen werden: Sind die Runen aus einem stark riechenden Holz, zum Beispiel Sandelholz, angefertigt, so werden auch der Geruchssinn und natürlich alle möglichen damit verbundenen Gefühle und Erinnerungen aktiviert. Kommen durch bestimmte Erinnerungsbilder, die mittels der Runen aus dem riesigen Reservoir unseres Gedächtnisses hervorgelockt wurden, auch andere Bereiche an die Oberfläche, wie zum Beispiel Geschmacksempfindungen, so können wir wirklich davon sprechen, daß die Runen *alle* unsere Sinne mit einbeziehen und somit unser Gehirn mehr als normalerweise gewohnt »auf Trab bringen«.

Runen sprechen über ihre Komplexität ganze Hirnareale an und bringen sie auf Touren. *Alle unsere Sinne werden durch die Runen aktiviert.* Würde man während einer Runenziehung bei den Fragestellern die Gehirnströme beziehungsweise die Aktivität des Gehirns messen und mit einer Computertomographie farbig darstellen, so könnten wir sehen, das fast sämtliche Hirnareale in Bewegung sind. Wen wundert es da noch, wenn wir beim Runenziehen nicht nur das Vordringen sehr starker Gefühle an die Oberfläche unseres Bewußtseins erleben, sondern auch noch das Gefühl von überwältigender Kraft bekommen, wir uns stark und leistungsfähig fühlen? Hier werden riesige Potentiale in Gang gesetzt, etwas, wozu wir sonst niemals bewußt in der Lage wären. Es sei denn, wir würden das Runenlegen als Gehirnjogging oder -bodybuilding betreiben.

Wer diese Effekte noch verstärken will, braucht sich beim Runenlegen nur etwas mehr als üblich auf seine Sinneseindrücke zu konzentrieren. Während der unbewußt lebende Mensch bei Problemen und Schwierigkeiten nur kleine, vereinzelte

Gehirnregionen nutzt, bringt der bewußte und konzentrierte Runenleger komplexe Areale an die Arbeit. Mit ein paar einfachen Tricks, die Sie im letzten Teil dieses Buches erfahren, können Sie diesen Effekt sogar noch verstärken und auch ohne Runen, zum Beispiel bei einem Spaziergang, anwenden und verwerten.

Die Folge: Claudia verließ damals die Silvesterfeier in zuversichtlicher Stimmung. Sie berichtete später, sie habe sich danach noch lange Zeit sehr ausführlich damit auseinandergesetzt, wie sie sich eine Partnerschaft und einen dazugehörigen Partner ausmalt. Sie klärte ihre Vorstellungen durch diese Beschäftigung ab. Auf ihr weiteres Leben hatte das große Auswirkungen. Da sie nun genau wußte, was sie wollte, konnte sie bei zufälligen Bekanntschaften schon nach kurzer Zeit sagen, ob dieser Mann für sie in Frage kam oder nicht. Sie wurde nun nicht mehr von der Angst geleitet, »keinen abzubekommen«, sondern von der Zuversicht, »daß es seine Zeit braucht, bis der ›Richtige‹ dabei ist.«

Aber auch im umgekehrten Fall, bei Bert, sorgten die Runen für eine positive Wendung. Bert, der sich mit seiner Tätigkeit als Selbständiger bis dahin mehr schlecht als recht über Wasser gehalten hatte, wurde durch die Rune *Hagalaz* sehr nachdenklich. Er führte mehrere Gespräche mit seiner

Frau. Alle hatten die Möglichkeit des Scheiterns zum Thema, dienten aber auch dazu, um nach Wegen zu suchen, die ebendies verhinderten. So führte eine Rune, die bei allen mir bekannten Menschen bisher Angst ausgelöst hat, doch noch zu einem positiven Ergebnis. Bert avancierte zu einem sehr erfolgreichen Unternehmer. Hatte die Rune *Hagalaz* nicht dazu beigetragen, daß er sich überhaupt erst auf die Diskussion mit seiner Frau und deren Bedenken einließ? Und hat nicht die Erwägung eines möglichen beruflichen Scheiterns genau dieses verhindert?

Jede einzelne Rune bringt, nachdem sie gezogen wurde, beim Fragesteller bestimmte Gefühle zum Vorschein. Und dabei spielt es zunächst gar keine große Rolle, ob diese als unangenehm oder als angenehm empfunden werden. Denn jedes Gefühl ist immer das richtige Gefühl zur richtigen Zeit. Es kommt lediglich darauf an, was wir mit unseren Gefühlen anfangen, auf welches Signal wir reagieren. Alle 25 Runen zusammengenommen repräsentieren das gesamte Spektrum unserer Empfindungen, unabhängig davon, ob sie uns bewußt sind oder nicht.

Runen als Spiegel unseres Innenlebens

Versuchten unsere Vorfahren die sie umgebende, unverständliche und unheimliche Umwelt besser zu verstehen, indem sie Steine oder Holzstäbe um Rat befragten, so können wir heute über die Runen eine direkte Verbindungslinie zu ihnen herstellen. Wer heute Runen in die Hand nimmt, schließt sich einer jahrtausendealten Kette von Menschen an, die nach Wahrheit und Wissen suchten. Die Quelle dieser Neugierde ist immer noch die gleiche geblieben: Auch wir wissen nicht, was uns erwartet, wie unsere Zukunft aussehen wird. Auch wir haben Angst und Hoffnungen und stehen dem Leben manchmal nicht gerade zuversichtlich gegenüber. Aber etwas ist anders: Wir wissen heute, warum es donnert und blitzt; wir wissen, warum es regnet oder schneit, und wir können das Wetter sogar in bestimmten Grenzen vorhersagen. Doch die Ängste des Frühmenschen wohnen noch immer in uns. Sie sind seit Jahrtausenden in alten Gehirnteilen, dem Cerebellum, dem Kleinhirn, oder in Teilen des Cortex, des Großhirns, gespeichert.

Unsere Vorfahren wollten mit den Runen vielleicht die Geister oder Götter besänftigen. Durch die Runen sprachen die Götter zu den Menschen.

Und heute? Wie sollen uns modernen Menschen
Runen heute helfen?

Bei allem Fortschritt und Wissen, über die wir
inzwischen verfügen, werden wir immer noch von
unseren uralten Gefühlen dominiert. Auf der
einen Seite handelt es sich dabei wirklich um
Urängste, die sich bis in die menschliche Frühge-
schichte zurückverfolgen lassen. Viele fürchten
sich noch heute vor Gewittern, obwohl sie wissen,
daß sie keineswegs Zornesausbrüche der Götter
sind, sondern entstehen, wenn kalte und warme
Luft aufeinanderprallen. Auf der anderen Seite
sind es Erlebnisse und Erfahrungen, die uns in
diesem Leben (als Kinder) zuteil wurden und die
unser Vertrauen in unsere Umwelt beziehungsweise darin lebende Personen erschüttert haben.

Durch das, was wir als Kinder in verschiedenen
Phasen unseres Lebens erlebten, bildeten sich in
uns Grundmuster unserer Persönlichkeit heraus,
die sich im Laufe der Jahre zu eigenständigen
»Charakterzügen« verselbständigt haben. In An-
lehnung an den italienischen Arzt FERRUCCI
möchte ich sie hier »Teilpersönlichkeiten« nennen. Diese Teilpersönlichkeiten (oder auch Rol-
len, die wir im Leben spielen) beherrschen uns,
ohne daß uns dies bewußt wird. Jede ist einer Ent-
wicklungsphase unseres Lebens zuzuordnen. Da
gibt es das »kleine Kind« in uns. Es entstand in unserer Kindheit und beinhaltet alle unsere Erfah-

rungen der Altersphase von unserer Geburt bis
fünf Jahre. Dann gibt es das »Schulkind«, das
Mädchen oder den Jungen, der beziehungsweise
die Sie im Alter von sechs bis zehn Jahren waren,
den »Teenager«, den »Lehrling«, den »Gymnasia-
sten«, den »Studenten« und so fort. Später kommen andere Teilpersönlichkeiten hinzu, die wiederum bestimmte Lebensphasen repräsentieren:
die »Ehefrau«, der »Ehemann«, der »kleine Ange-
stellte«, der »große Boß«, die »Hausfrau«, die
»Geliebte« oder die »Geschiedene«, der »Geschiedene« und weiteres mehr.

In jeder dieser Lebensphasen wurden bestimmte emotionale Erfahrungen gesammelt, die
sich in der Teilpersönlichkeit kristallisieren. Anhand eines Beispiels läßt sich dies vielleicht deutlicher veranschaulichen:

Als kleiner Junge habe ich mich vor meinem
Vater gefürchtet. Ich kann mich noch heute sehr
gut daran erinnern, wie er mit mir Hausaufgaben
gemacht hat. Ich saß am Küchentisch, und er stand
hinter mir, eine Hand auf die Lehne meines Stuh-
les gestützt. Ich saß tief über mein Rechenheft ge-
duckt und bemühte mich, eine Aufgabe zu lösen –
vergebens. Irgendwie war ich wie blockiert. Ich
muß damals so um die acht oder neun Jahre alt gewesen sein.

»Na, wird's bald?« schnauzte er mich an.

Ich sagte nichts. Aber ich geriet ins Schwitzen.

Mein Kopf wurde heiß. Das Herz pochte mir bis
in den Hals, und meine Gedanken überschlugen
sich. Eben hatte ich diese verdammte Lösung
doch noch gewußt.

»Du kannst auch gar nichts. Noch nicht einmal
die einfachsten Aufgaben!«

Ich zog den Kopf noch tiefer zwischen meine
Schultern. Gleich würde er mir eine knallen.

Diese Erfahrung brannte sich tief in mein Ge-
dächtnis ein. Später kam dieser kleine Karl stets
dann in mir zum Vorschein, wenn Leistung von
mir gefordert wurde. Dann meldete sich in mir
eine Stimme, die sagte: »Na, wird's bald?« Auch
als Erwachsener litt ich unter diesen Anwandlun-
gen, wie ich sie insgeheim nannte. Lange Jahre
wußte ich nicht einmal, woran es lag, daß ich bei
Leistungsanforderungen immer wieder versagte,
daß ich mich in Prüfungssituationen wieder wie
dieser kleine Junge von acht Jahren fühlte. Sogar
die körperlichen Reaktionen waren die gleichen:
Schweißausbrüche, Blutdrucksteigerung, Herzra-
sen, Angst und nochmals Angst!

Dieses kleine Kind ist in uns allen noch vorhan-
den. Es muß nicht so sein, wie mein kleiner Karl,
sondern es wird genau so sein wie Sie in Ihrer
Kindheit. Und es wird gerade dann in Ihnen zum
Vorschein kommen, wenn eine Situation entsteht,
die jener der Kindheit ähnelt. Und ausgerechnet
dann können wir als Erwachsene dieses ängstliche

kleine Kind in uns, mit seinen Gefühlen der Angst
und Ohnmacht, überhaupt nicht gebrauchen.
Denn wer sitzt schon gerne vor seinem Chef und
fühlt sich innerlich wie ein achtjähriger Junge oder
ein achtjähriges Mädchen?

Doch so, wie das kleine Kind in uns noch existiert, so sind noch viele Teilpersönlichkeiten in
uns am Leben, die sich im weiteren Verlauf unserer Entwicklung herausgebildet haben. Die Beschäftigung mit den Runen fördert sie alle ans
Licht. Wir finden sie in den Eigenheiten wieder,
die uns das Leben vielleicht schwermachen, jedoch auch in jenen Eigenschaften, die wir an uns
mögen. Aber alle fechten sie einen immerwähren-
den Kampf in uns aus, den wir als unsere inneren
Widersprüche erkennen können. Alle unsere
Ängste und Hoffnungen sind Ausdruck unserer
Erfahrungen, unserer Teilpersönlichkeiten.

Jener italienische Arzt mit Namen Ferruci ver-
glich diese Teilpersönlichkeiten mit einem Sym-
phonieorchester, das in uns spielt. Jeder Musiker
steht für eine Teilpersönlichkeit. Manche drängen
sich in den Vordergrund, hauen auf die Pauke und
dominieren alles, andere halten sich still zurück.
Über allem thront der Dirigent, der mal mehr, mal
weniger stark eingreifen muß, um dieses Chaos in
vernünftige Bahnen zu lenken.

Manche Orchester sind so durcheinandergera-
ten, daß ihre Auftritte nur noch in schrillen Disso-

nanzen enden. Der Dirigent steht nicht mehr am
Pult, er hat sich darunter verkrochen. Die Musiker
machen, was sie wollen.

Vielleicht haben die Ängste dermaßen die
Oberhand gewonnen, daß sie die erste Geige spielen und ein Musikstück herauskommt, in dem sich
nichts mehr entfalten und ereignen kann, weil die
Angst regiert. Aber es kann auch genau umgekehrt sein. Die unrealistischen Hoffnungen haben
das Kommando, und es wird nur noch Optimis-
mus verbreitet. Auf die warnenden Stimmen hört
niemand mehr.

Die Beschäftigung mit den Runen bringt jeden
Ihrer Persönlichkeitsanteile ans Licht. Sie werden
mit allem konfrontiert, was Sie ausmacht. Und
nicht immer ist alles so, wie Sie es gerne hätten
oder wie es sein könnte. Aber die Runen bringen
Ordnung in dieses scheinbare Chaos. Sie helfen
Ihnen, sich mit allem auseinanderzusetzen, was
Sie als Mensch charakterisiert. Später werden Sie
sogar zu erkennen imstande sein, daß es weder
»schlechte Eigenschaften« gibt noch »gute« oder
gar »böse«, sondern daß Sie alle diese Teilpersönlichkeiten in sich brauchen, um leben zu können.
Die Kunst des Lebens besteht dann darin, herauszufinden, wann man welche Eigenschaft braucht
oder, um beim Bild des Orchesters zu bleiben,
wann welcher Musiker wie lange und wie laut an
die Reihe kommt. Die Kunst des Lebens heißt

dann: Spielen Sie auf Ihrem Orchester so, daß eine
vollendete Melodie ertönt, die Melodie Ihres Lebens. Mal klingt sie dramatisch, mal leise, mal
traurig, mal fröhlich – und immer hört man heraus, daß Sie es sind, der den Takt angibt.

Die Runen nehmen hier eine besondere Aufgabe wahr: Wir können sie als alte Symbolsprache
benutzen, die unsere Teilpersönlichkeiten ans
Licht bringt, sie uns bewußtmacht. Diese Symbolsprache repräsentiert unsere Ängste und Hoffnungen; mit ihrer Hilfe haben wir die Möglichkeit, uns selbst besser kennen- und liebenzuler-
nen.

Wenn Sie im weiteren Verlauf Ihrer Bekannt-
schaft und Beschäftigung mit Runen eine von ihnen ziehen, wird diese eine ganz konkrete Wir-
kung auf Sie ausüben. Sie wird mit ihrem Symbol
ein bestimmtes Gefühl bei Ihnen auslösen. Anhand der Bedeutung der Runen können Sie sich
das Gefühl erschließen und so herausfinden, was
es zu bedeuten hat, was Sie damit vielleicht anfangen können. Das Runenlegen hebt so die in Ihnen
verborgenen Ängste und Hoffnungen oder andere
Gefühle in Ihr Bewußtsein und macht sie auf diese
Weise handhabbar. Sie können dabei lernen, Ihre
Emotionen als Signale für Ihr Handeln zu nutzen.
Dabei werden Sie feststellen, daß Ihre Gefühle viel
genauer wissen, was für Sie gut ist, als Sie bisher

glaubten. Den Runen kommt dabei die Aufgabe
des Vermittlers, des Mediums zwischen Ihnen,
Ihren innewohnenden Kräften und Gefühlen und
der Welt zu. In diesem Verständnis sind Runen
nichts anderes als der *Spiegel Ihrer Seele*.

Wer sich wie meine Bekannten nur sporadisch
und unsystematisch mit Runen auseinandersetzt,
wird nie oder nur per Zufall mit dem vollen Potential in Kontakt kommen, das in ihnen steckt.
Wer sich aber auf systematische Weise, sozusagen
Stufe um Stufe, mit Runen befaßt und bekannt-
macht, kann ihre zufälligen Wirkungsweisen verstärken, intensivieren und vervielfachen. Nehmen
Sie sich ruhig Zeit dazu, es lohnt sich auf jeden
Fall. Aber denken Sie daran: Wachstum und Weiterentwicklung vollziehen sich langsam, in einzelnen Schritten und nicht immer kontinuierlich.
Manchmal lassen Blockaden, Brüche und Wider-
stände diesen Prozeß scheinbar ins Stocken geraten. In Wirklichkeit wachsen Sie gerade, wie Sie
später noch sehen werden, an Ihren Schwierigkeiten und Problemen.

Wenn Sie sich von der Odinsrune ausgehend
weiter mit Runen befassen und darauf achten, den
Orakelaspekt, also die Vorhersage der Zukunft,
mehr im Hindergrund zu belassen und dafür den
Wachstumsaspekt nach vorne zu rücken, werden
Sie allmählich feststellen können, daß Sie sich weiterentwickeln. Sie werden nicht nur bemerken,

wie Ihre Probleme sich verändern, sondern auch, wie Sie bei der Lösung Ihrer Probleme über sich selbst hinauswachsen.

Wenn das Problem größer ist: Das Runendreieck

Das Runendreieck ist eine Weiterentwicklung von mir aus dem bekannten traditionellen »Drei-Runen-Orakel«. Bei letzterem geht es darum, drei Runen zu Vergangenheit, Gegenwart und Zukunft zu ziehen. Diese alte Praktik war laut TACITUS schon vor mehr als zweitausend Jahren bekannt. Der Runenleger oder die Runenlegerin zieht drei Runen und ordnet sie in einer Reihe an. Die erste Rune (rechts liegend) zeigt die Situation des Ziehenden in der Vergangenheit, die nächste (in der Mitte) die der Gegenwart und die dritte (links) die der Zukunft. Das Runenalphabet wird ja, wie Sie es von der Gesamtübersicht her wissen, von rechts nach links gelegt, wie alle anderen Runenlegetechniken auch.

Mit Hilfe des Runendreiecks lassen sich aus den Runen noch mehr Informationen beziehen. Auch hier wird die rechte Seite (der Hypothenuse) zuerst gelegt. Diese Rune kennzeichnet unsere gegenwärtige Situation, die sich aus unserer Vergan-

genheit (linke Seite der Hypothenuse) ergeben
hat. Diese beiden Runen ergeben die Basis für unsere Zukunft, welche die Spitze des gleichschenk-
ligen Dreiecks bildet.

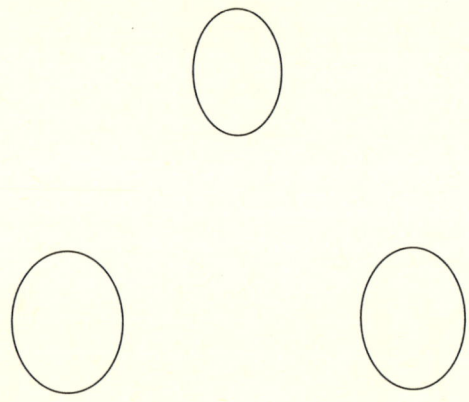

Michael Bender traf sich mit seiner neuen Be-
kanntschaft. Das Rendevous verlief zufriedenstellend. Die beiden unterhielten sich angeregt und
erzählten einander, wie die meisten, aus ihrem Leben. Michael berichtete der jungen Dame, ihr
Name war Petra, daß ihn sein Beruf als Computeringenieur nicht ausfülle. Petra meinte, sie
könne das gut verstehen, auch sie sei unzufrieden
mit ihrer Tätigkeit als Arzthelferin.

Als Michael spätabends wieder zu Hause war,
nahm er seine Runen und stellte an sie die Frage:
»Was ist das Grundproblem in meinem Leben?«
Er wollte diesem etwas größeren Zusammenhang

mit dem Runendreieck zu Leibe rücken. Die Runen, die er nun zog, sahen so aus:

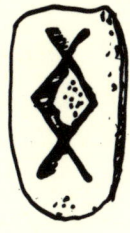

Zukunft

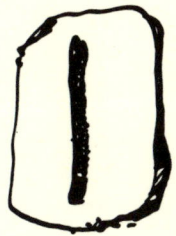

Vergangenheit   *Gegenwart*

Das Runendreieck

Dabei bezeichnet *Isa*, die Rune des Stillstands, die
momentane Situation von Michael Bender. Er
kommt einfach nicht weiter. Das deckt sich voll-
kommen mit dem Gefühl, das Michael dabei über
sich selbst hat.

Isa basiert auf *Nauthiz*, der Rune des Zwanges.
Die gegenwärtige Situation ist ein Ergebnis der

Vergangenheit. Michael mußte als Kind sehr viel
Zwang erleben. Er hatte einen sehr strengen Vater,
der ihn immer wieder zu mehr Leistungen in der
Schule, beim Sport oder zu Hause zwingen wollte.
Manchmal schlug er ihn auch. Vor allen Dingen
aber unterstellte er Michael mit schöner Regelmä-
ßigkeit: »Du kannst das nicht! Du bist zu blöd
dazu!« Michael verinnerlichte im Laufe der Zeit
diese häufig geäußerten Vorwürfe und machte
daraus später: »Ich kann das nicht! Ich bin zu
blöd!«

Auf diese Weise zerstören viele Eltern, ohne es
zu beabsichtigen oder auch nur zu ahnen, das auf-
keimende Selbstbewußtsein ihrer Kinder. Im guten Glauben, es »richtig« zu machen, erziehen sie
so ihre Kinder zu selbstunsicheren und ständig
nach mehr Leistung strebenden Menschen, die
glauben, nur unter dieser Voraussetzung anerkannt zu werden. Durch das fehlende Selbstwertgefühl aber bleiben sie unbefriedigt, denn sie qua-
lifizieren sich auch weiterhin negativ ein. Solcher-
art erzogene Kinder bekamen von ihren Eltern
(meistens waren es die Väter) nur dann Lob, Anerkennung und vor allem Liebe, wenn sie eine Leistung erbracht hatten. Diese Kinder glauben irgendwann, sie seien nur dann überhaupt etwas
wert, wenn sie etwas leisteten.

Aber auch wenn Michaels Vergangenheit sehr
unangenehm für ihn gewesen ist – die Zukunft

läßt wesentlich Besseres erhoffen. Auf der Spitze des Dreiecks steht nämlich *Inguz*, die Rune der Fruchtbarkeit. *Inguz* signalisiert: Trotz der ungünstigen Ausgangslage kann sich noch alles zum Guten wenden. Voraussetzungen dafür sind die persönliche Weiterentwicklung und die Aufarbeitung der Vergangenheit, um sich von ihr lösen und verabschieden zu können.

Denn dieser Zwang darf nicht nur negativ gesehen werden. Martin hat durch diese Art von Erziehung einen sehr einträglichen Beruf gewählt und sich mit Hilfe seines Ehrgeizes (die unbefriedigten Wünsche des Kindes nach der Liebe der Eltern, hier des Vaters) hochgearbeitet. Seine materielle Situation ist also gesichert – in der heutigen Zeit keine Selbstverständlichkeit mehr.

Wenn wir also darangehen, die einzelnen Runen zu interpretieren, sollten wir dabei berücksichtigen, daß wir unser Augenmerk nicht nur auf die scheinbar negativen Aspekte richten, sondern auch nach positiven Aspekten suchen.

Eine der größten Schwierigkeiten vieler Menschen besteht darin, daß sie in einem Ungleichgewicht ihrer inneren Anlagen leben. Das heißt: Im Laufe der Zeit haben sie aufgrund bestimmter Umwelteinflüsse einzelne Fähigkeiten stärker ausgebildet als andere. Hier können Runen helfen, wieder ein Gleichgewicht herzustellen und somit das vorhandene Potential besser zu nutzen.

Es ist doch ganz klar, daß Menschen, die einer
Seite ihrer Persönlichkeit zuviel Raum einräumen,
sich damit der anderen Möglichkeiten, die in ihnen angelegt sein können, berauben. Denken Sie
noch einmal an die Beispiele mit der Angst zurück. Wer der ängstlichen Seite seiner Persönlichkeit zuviel Raum gewährt, sich von seinen Ängsten ständig blockieren läßt, unterdrückt damit
auch seine anderen Potentiale. Die Beschäftigung
mit den Runen führt hier zu einem Ausgleich.
Ängste werden erkannt, eingestanden, akzeptiert
und aufgelöst. Dadurch wird Platz für Neues geschaffen. Nun kann der Runenleger sich daranma-
chen, seine restlichen Potentiale zu erkunden und
sie zum Ausdruck zu bringen. Erst die Auseinandersetzung mit allen Anteilen der Persönlichkeit
führt zur Ganzheit.

Wer mehr über seine Möglichkeiten erfahren
will, kann einen etwas schwierigeren, aber aussa-
gekräftigeren Weg wählen: das Runenhaus. Dieses
gibt neben den Aussagen des Runendreiecks über
Vergangenheit, Gegenwart und Zukunft auch
noch Aufschluß über die Art und Weise, *wie* man
weiterkommen kann.

Das »Große Einmaleins« der Runen: Wie Runen uns den Zugang zu den verborgenen Potentialen unseres Geistes ermöglichen können

Bei komplexen Situationen: Das Runenhaus

Bei den Runenhäusern gibt es verschiedene Möglichkeiten, Häuser zu legen und zu interpretieren. Hier kommt es darauf an, sich zunächst die verschiedenen Möglichkeiten anzusehen, um sich dann vor dem Runenlegen für eine zu entscheiden.

Die erste Möglichkeit, das einfache Runenhaus, erinnert Sie vielleicht von seiner Form her an eine Kinderzeichnung, bei der man mit sozusagen einem Strich versucht hat, ein Haus zu zeichnen. Es sieht so aus:

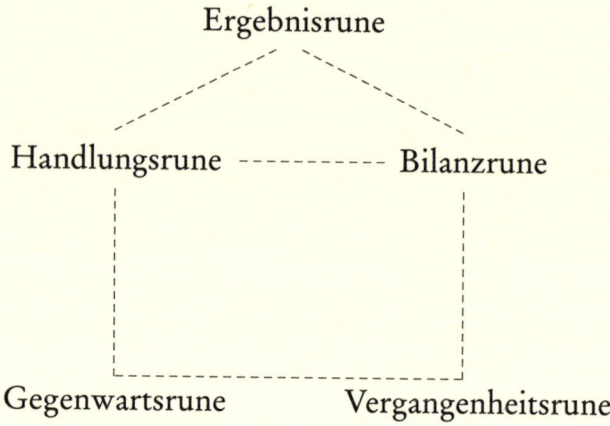

Das einfache Runenhaus

Wenn Sie sich entschließen, ein Runenhaus zu legen, um in einer komplexen Situation mehr Informationen zu erhalten, dann bedenken Sie dabei
bitte: Ziehen Sie nicht mechanisch schnell hinter-
einander fünf Runen, sondern formulieren Sie zunächst eine Fragestellung, die sich auf diese Situation bezieht. Definieren Sie in Gedanken genau Ihr
Problem, bevor Sie in Ruhe die erste Rune ziehen.
Verweilen Sie, bevor Sie sich für eine Rune entscheiden, mit Ihrer Hand eine Weile im Beutel, lassen Sie Ihre Fingerspitzen über die Runen gleiten,
und fühlen Sie, welche Rune gezogen werden will!
    Lassen Sie sich auf jeden Fall genug Zeit, damit
die Kräfte der Runen sich entfalten und sich Ihnen
mitteilen können.

Das Runenhaus wird von unten rechts angefangen: Zuerst ziehen Sie eine Rune, die Ihre Vergangenheit und deren Situation repräsentiert, dann eine, die Ihre Situation in der Gegenwart ausdrückt; die nächste ist die Bilanzrune, die Vergangenheit und Gegenwart miteinander verbindet und eine erste Zwischenbilanz ermöglicht; es folgt die Rune der Handlung, die Ihnen zeigen kann, was zu tun ist; und über allem thront die Ergebnisrune, die Ihnen andeutet, was sich alles daraus entwickeln könnte.

Bei der Interpretation dieser Runen kommt es darauf an, daß Sie in Bildern über Ihre Situation nachdenken. Jede einzelne Rune führt Ihnen quasi wie in einem Spiegel vor Augen, was für Sie wichtig ist. Wenn Sie im Text die Bedeutung der einzelnen Runen nachschlagen und lesen, werden Sie auf ganz bestimmte Aspekte der Interpretation ansprechen. Sie können die Aussagekraft der Runen noch erhöhen, indem Sie für jeden Bereich des Runenhauses innerlich ein Bild produzieren, das diese Situation ausdrückt.

Die zweite Möglichkeit, das komplexe Runenhaus, sieht zunächst genauso aus wie das erste Runenhaus, wird aber inhaltlich anders ausgefüllt.

Die einzelnen Runen repräsentieren hier ganze Bereiche, die in Ihrem Leben wichtig sein können. Es handelt sich um die Komplexe:

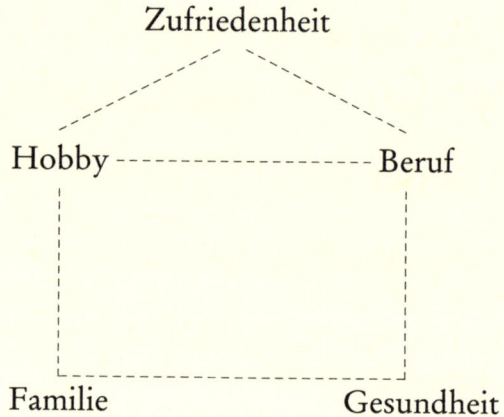

Zufriedenheit

Hobby ------------------ Beruf

Familie   Gesundheit

Das komplexe Runenhaus

Achtung: Auch bei diesem Haus kommt es darauf an, sich vor dem Runenlegen über seine Fragestellung klarzuwerden. Je genauer Ihre Frage an die Rune, desto präziser fällt die Antwort aus.

Wer sich auf die hier beschriebene Art und Weise mit den Runen beschäftigt, wird nicht nur, wie schon eingangs behauptet, über vierhundert Prozent seines Gehirnpotentials mehr nutzen als bisher, sondern auch verschiedene, bisher getrennte Talente und Neigungen miteinander verbinden und integrieren. Das Leben mit Runen wird farbiger, reicher an Empfindungen, durchdrungen von allen möglichen Bereichen Ihres Selbst. Dies werden Sie am eigenen Leib erfahren können. Sie werden erleben, wie sich Ihr Denken verändert, wie Sie mehr am Ganzen als an den Teilen orientiert sind.

Der sechste Schritt: Runenlegen für Fortgeschrittene

Runen in der Psychotherapie

Es steht jedem Menschen frei, sich in verschiedene Richtungen zu entwickeln. Das Hauptanliegen dieses Buches beruht darauf, jedem einen einfachen Zugang zu den Runen zu ermöglichen. Es handelt sich dabei, wenn Sie so wollen, um eine Popularisierung des Runenlegens. Doch Wachstum und Weiterentwicklung durch Runen sind damit noch längst nicht ausgeschöpft.

Einige werden Probleme haben, die allein mit Hilfe der Runen nicht zu lösen sind und bei denen sie zusätzliche Hilfe brauchen, eventuell jene eines Arztes oder Psychologen. Runen haben in der offiziellen Heilkunde noch keine oder kaum Verbreitung gefunden. Nur vereinzelt beschäftigen sich Ärzte, wie der Leiter der Privatklink, in der ich arbeitete, mit Runen als therapeutischem Medium. Zu stark sind die Vorurteile, welche die Integration der Runen in eine Therapie behindern. Es wäre zu wünschen, wenn Patienten, die sich »privat« mit Runen beschäftigen, ihre diesbezüglichen Erkenntnisse in ihre Psychotherapie mit einbrächten.

Bewußtseinsbildung durch Runen und Psychotherapie ließen sich zum Wohle des Patienten miteinander verbinden. Der behandelnde Arzt soll ja nicht mit Runenlegen seinen Tätigkeitsbereich erweitern und mit Runen heilen – er müßte sonst um den Verlust seiner Approbation fürchten –, sondern er könnte die Arbeit mit ihnen nutzen, um die Selbstheilungskräfte seiner Patienten zu stärken und somit zu deren Gesundung beitragen.

Gerade wenn man es in der Therapie ausschließlich mit rational denkenden Menschen zu tun hat, ergibt sich durch Runen eine gute Möglichkeit, jenseits von Sprache und manipulativer Beeinflussung neue Erkenntnisquellen für den Patienten zu erschließen. Einer meiner Therapieteilnehmer, ein zweiundfünfzigjähriger Mann, der sich innerhalb seiner Firma vom kleinen Angestellten bis zum Generalvertreter für Deutschland hochgearbeitet hatte, hatte große Probleme, seine ausschließlich materielle Einstellung zu überwinden.

In fast jeder Gruppentherapiesitzung stöhnten die anderen auf, wenn er sich wieder einmal mit »seinem Geld« zu Wort meldete. Er fand kaum ein Gesprächsthema, das nicht mit Geld zu tun hatte. »Gestern habe ich mit meiner Frau telefoniert. Wir wollen unser Haus verschönern. Sie schlug vor, ein paar schöne Bilder aufzuhängen. Ich dachte da an ein Original von Klee, natürlich ein kleines Aquarell, die sind nicht ganz so teuer!«

In der letzten Sitzung vor seiner Entlassung zog er, wie die anderen Teilnehmer auch, zum Abschied eine Rune, die sein wichtigstes Lebensthema symbolisieren sollte. Wie der Zufall es wollte, war es *Fehu*, die Rune des Besitzes.

Beim Vorlesen der Interpretation wurde es ganz still im Gruppenraum. Einige der Anwesenden sahen sich wissend an. Sie kannten *Fehu* und wußten, was jetzt kam.

»Früher war *Fehu* die Rune des Viehs. Sie stand für den Besitz von Gütern und Lebewesen, kurz: von allem, was seinem Eigentümer Reichtümer verhieß ... In dem Maße, wie Sie sich von der materiellen Welt lösen, werden Sie einen ganz anderen Reichtum kennenlernen. Dieser Schatz wartet schon lange darauf, gehoben zu werden. Er liegt direkt vor Ihrer Nase: Er steckt in Ihnen!«

Der sonst so rational eingestellte Generalvertreter wurde nach dieser Ziehung sehr nachdenklich. Er sagte während der Abschiedssitzung nichts mehr. Ein Jahr später traf ich ihn wieder.

Gemeinsam mit seiner Frau kam er zu einem
Jahrestreffen der Gruppenmitglieder. Sie berichtete: »Mein Mann hat sich nach Ihrer Behand-
lung völlig verändert. Er hat sich mit unserem
Sohn geeinigt und will ihm in den nächsten Jahren die Vertretung übergeben. Er zieht sich langsam aus der Arbeit zurück und ist nun mehr für
mich und die Familie da. Endlich haben wir wieder gemeinsam einen Urlaub verbracht!«

Runen im Managementtraining

Im Managementtraining werden Runen nicht, wie
man annehmen sollte, angewandt, um wirtschaft-
liche Entscheidungsprozesse zu beeinflussen. Dagegen sprechen schon, wie in der Psychotherapie,
die weitverbreiteten Vorurteile gegen Runen. Die
meisten Manager würden in Gelächter ausbre-
chen, schlüge man ihnen vor, ihre Entscheidungen
durch Runenlegen herbeizuführen.

Die Verwendung von Runen im Managementtraining hat ihren Schwerpunkt in der Persönlichkeitsentwicklung der Teilnehmer durch das Runenlegen. Gerade in Zeiten, da bestimmte Füh-
rungsstile hinterfragt werden, esoterische Prakti-
ken sich auch im Management steigender Beliebt-
heit erfreuen, um auf außergewöhnliche Weise zu
neuen Lösungen für alte Probleme zu gelangen,

können persönlichkeitsbildende Maßnahmen, wie sie durch das Runenlegen initiiert werden, indirekt zu mehr Menschlichkeit im Wirtschaftsleben führen.

Ein Manager erfährt in Seminaren, wie er sich auf andere Art als bisher mit seiner Person auseinandersetzen kann. Er lernt die Runen als Wachstumsmöglichkeit kennen und schätzen. Ihm (oder ihr) bietet sich dabei die Möglichkeit, jenseits der ausgetretenen Pfade des rationalen Denkens und des üblichen Verkaufstrainings völlig andere Lösungsansätze zu entwickeln.

Die Beschäftigung mit Runen führt dazu, daß wir unsere rechte und linke Gehirnhemisphäre gemeinsam nutzen, ihre Potentiale vervielfältigen und zu ganz neuen Analysen unserer Probleme gelangen können. Dieser Kreativitätsschub vermag gerade im festgefügten, analytischen Denken des Managements überraschende und neue Perspektiven aufzuzeigen.

Nicht umsonst haben verschiedene Konzerne, zum Beispiel in der Schweizer Gastronomie, diese Möglichkeiten erkannt und für ihr Managementtraining Psychologen beauftragt, die auf esoterische Methoden zurückgreifen. Die Folge davon sind Mitarbeiter, die sich persönlich weiterentwickeln und ihre erweiterten Potentiale nicht nur in ihrem Privatleben nutzen, sondern auch beruflich einsetzen. Ein weiterer Effekt: zufriedene und freundliche Mitarbeiter, die, servicebewußter als andere, »ihre Lebensfreude auch umsatzsteigernd ins Geschäft« bringen, wie sich ein Restaurantleiter des umsatzstärksten Flughafenrestaurants Deutschlands ausdrückte.

Nicht wenige Firmenchefs stehen solchen Seminarpraktiken jedoch skeptisch bis ablehnend gegenüber. Sie befürchten nämlich, daß ihre Angestellten sich von einer ausschließlich gewinngeprägten zu einer mehr menschlich ausgerichteten Einstellung hin entwickeln und in deren Folge vielleicht dem Betrieb den Rücken zukehren.

Gerade unzufriedene Manager um die Lebensmitte neigen dazu, sich in dieser Altersphase noch einmal gänzlich neu zu orientieren. Beispiele für absolut erfolgreiche Manager, die auf dem Zenit ihrer Karriere »alles hingeschmissen« und noch einmal etwas ganz anderes angefangen haben, gibt es genug.

Dabei läßt sich das Potential, das die Runen in solchen Seminaren freisetzen, auch immer im Sinne des Auftraggebers und des Mitarbeiters nutzen. Gerade Großbetriebe können Angestellten, die mit ihrer Position unzufrieden sind, eine Vielzahl von Entwicklungsmöglichkeiten bieten.

Währen eines Seminars lernte ich einen jungen Mann namens Kurt Göber kennen, einen Koch, der sich in seiner damaligen Tätigkeit nicht sonderlich wohl fühlte. Er klagte über Magenschmerzen,

Übelkeit und andere psychosomatische Beschwerden. Einige Besuche beim Arzt hatten keinen Erfolg; dem Mann waren lediglich Medikamente verschrieben worden, die nichts an der Ursache, dem negativen beruflichen Umfeld, änderten.

Der dreiunddreißigjährige Koch erzählte von seinen Schwierigkeiten am Arbeitsplatz. »Ich habe einfach keine Lust mehr, immer die gleiche stupide Arbeit zu machen!« In der betriebseigenen Kantine war er für die Zubereitung bestimmter Speisen zuständig. »Immer die gleichen Suppen, immer die gleichen Soßen!« klagte er. »Es hängt mir zum Halse heraus!«

Nach einigen Sitzungen, die sich mit der Weiterentwicklung der beruflichen Perspektiven der Teilnehmer befaßten, kristallisierte sich heraus, daß Kurt gerne Küchenchef werden würde, sich aber nicht zutraute, den dazu erforderlichen Meisterbrief als Koch zu erwerben. Hinzu kamen finanzielle Probleme. Er wußte nicht, wie er die dreißigtausend Mark, die diese Weiterbildung kosten würde, auftreiben sollte. Er spielte inzwischen sogar mit dem Gedanken zu kündigen.

Sein Chef, der ebenfalls am Seminar teilnahm, erfuhr so zum erstenmal, weshalb Kurt dermaßen unzufrieden war. Auch er war mit seiner Position nicht glücklich. Er wollte innerhalb des Betriebes eine andere Aufgabe übernehmen. Nach verschiedenen Gesprächen bot sich schnell eine Lösung an. Beide wandten sich an die Geschäftsführung, und Kurts Chef setzte sich dafür ein, daß der Betrieb die Kosten für die Meisterschule übernahm.

Kurts Magenprobleme verschwanden fast über Nacht. Hatte er bislang verkniffen und mürrisch an der Veranstaltung teilgenommen, so erkannte man ihn nun nicht wieder. Er glänzte mit intelligenten Wortbeiträgen und trug mit seiner guten Laune maßgeblich zum Gelingen des Seminars bei. Heute leitet er die Konzernkantine eines der größten Verbandsmaterialherstellers in Deutschland. Er hat inzwischen nicht nur seine Meisterprüfung als Koch absolviert, sondern sich auch in der Mitarbeiterführung und im Management weitergebildet. Nebenbei schaffte er es, einen Partyservice zusammen mit seiner Frau zu gründen, mit dem er sich irgendwann selbständig machen will.

Der Betrieb bekam so einen zufriedenen, leistungsbewußten Mitarbeiter, der über Jahre hinaus seinen Beruf zum Wohle der Kantinenbesucher mit Freude ausübte. Darüber hinaus wurden aber auch die Grundlagen für eine spätere Entwicklung gelegt, die aus dem Betrieb herausführen kann.

Es geht also beim Managementtraining mit Runen nicht so sehr darum, diese in die Arbeitswelt und ihre rationalen Entscheidungen zu integrieren, sondern darum, mit ihrer Hilfe als Medium die Potentiale der Mitarbeiter zu entwickeln.

Runenlegen als magisches Mysterium

Wer sich über längere Zeit mit den Runen beschäftigt, dem dürften einige interessante Feststel-
lungen nicht verborgen bleiben. Auf der einen
Seite werden sich naturwissenschaftlich orien-
tierte Menschen sagen, es gibt 24 (25) Runen. Das
sind theoretisch soundso viele Kombinations-
möglichkeiten. Würde man lange genug immer
wieder Runen ziehen, müßten sich diese nach sta-
tistischen Gesetzmäßigkeiten insgesamt gleich-
mäßig verteilen. Das heißt: Jede Rune käme aufgrund des Zufallsprinzips irgendwann einmal an
die Reihe. Aber Runenleger oder Runenlegerin-
nen machen in der Praxis eine ganz andere Erfahrung – auch dann, wenn sie über Jahre hinweg tag-
täglich sich mit dem Runenlesen beschäftigen. Zu
bestimmten Zeiten der persönlichen Entwicklung
werden ganz bestimmte Runen gezogen.

Dieses sogenannte »Passen« der Runen zu einer
Situation läßt den Schluß zu, ihnen würden magische Kräfte innewohnen. Verfolgen wir diesen
Aspekt einmal kurz weiter, so liegt der Schluß
nahe, die Runen würden sich vom Runenleger
»angezogen« fühlen.

Wenn wir uns noch einmal das Beispiel des Ge-
neralvertreters vor Augen führen, so zog dieser
Fehu, die Rune des Besitzes.

Diese Rune »paßte« unter verschiedenen Gesichtspunkten. Zum einen handelte es sich ja um einen Menschen mit viel Vermögen (Geld). Andererseits hatte er aber den Besitz überbewertet. Er reagierte also nicht auf den Besitzaspekt der Rune, sondern auf die ausdrückliche Hervorhebung des Materiellen.

Runenleger(innen) werden diesen Effekt der Runen an sich selbst immer wieder beobachten können. Die Runen »passen« so sehr in eine bestimmte Situation, daß man meint, dies könne nicht »mit rechten Dingen zugehen«.

Wer sich mit dieser Seite des Runenlegens intensiver beschäftigen und es hierin zu einer richtigen Meisterschaft bringen will, der kommt nicht umhin, sich mit der den Runen innewohnenden Mythologie näher zu befassen.

Im vorderen Teil dieses Buches habe ich versucht, das Weltverständnis der Germanen zu erklären, und gleichzeitig eine logische Entwicklung des Runenlegens durch bestimmte »weltliche Ereignisse« aufgezeigt, indem ich eine Möglichkeit schilderte, wie aus zufälligen Ereignissen im Leben der Frühmenschen im Laufe der Jahrtausende das Runenalphabet und die Runenpraktiken entstanden sein könnten. Den magisch/mythologisch Interessierten werden diese Darlegungen nicht genügen. Sie werden sich eher von Schilderungen aus der *Edda* ansprechen lassen, denen zufolge

Odin die Runen am Weltenbaum Yggdrasil hängend empfangen hat.

Dazu muß man wissen, daß Yggdrasil nicht einfach nur ein Abbild der Welt der Germanen ist, sondern vielmehr ein Kosmos, eine ganze Anzahl von Welten, die über verschiedene Ebenen miteinander in Verbindung stehen. Jede dieser Ebenen stellt einen Weg dar, der durch verschiedene Runen symbolisiert wird.

Wenn man sich nun dem Runenlegen auf andere Art nähern will, muß man sich mit den einzelnen Bestandteilen des Yggdrasil ebenso auseinandersetzen wie mit den Wegen (den Verbindungen) zwischen den Welten.

Das Zentrum dieser Welten ist Midgard (Mittelerde), ein Begriff, der Literaturkundigen aus dem *Herr der Ringe* von J. R. R. TOLKIEN geläufig sein könnte. Dieser entlehnte nicht nur den Aufbau seiner Romanwelt der nordischen Mythologie, sondern auch einzelne Bewohner daraus dürften jenen bekannt vorkommen, die sich mit dieser Thematik beschäftigen.

Midgard steht auch für die materielle Welt, die Erde selbst. Im Menschen stellt sie den Körper dar. In Midgard laufen alle Wege zusammen. Die Verbindungen zwischen den einzelnen Welten enden hier.

Darüber breiten sich verschiedene Welten aus, die wiederum aus Unterwelten bestehen, zum

Beispiel Asgard mit Walhalla als Unterwelt. Diese Welten werden dem »Himmel« zugeordnet, dem Reich des Lichtes.

Unterhalb von Midgard liegen Hel und andere Unterwelten; der christliche Begriff »Hölle« könnte hier sein Gegenstück haben. Die Unterwelt ist das Reich der Finsternis.

Wir finden ähnliche Entsprechungen auch in verschiedenen Religionen. Wichtig bei der germanischen Sichtweise des Universums ist aber die Entsprechung der äußeren und der inneren Welt des Menschen. Nach germanischem Verständnis findet sich ein Abbild dieser Welt in jedem einzelnen Menschen wieder.

Das kommt zum Beispiel auch in der modernen (älteren) Psychologie nach SIGMUND FREUD und C. G. JUNG zum Ausdruck, die dem Menschen innere Seinszustände zuordneten. Das kollektive Unbewußte, das laut Jung in jedem einzelnen Menschen den gesamten Wissensstand der Menschheit repräsentiert, finden wir im germanischen Weltverständnis wieder.

Für den/die magisch/mythologisch interessierten Runenleger(in) besteht nun die Aufgabe darin, sich über die Runen den Zugang zu diesen Welten zu verschaffen. Da jede dieser Welten auch wiederum bestimmten Gottheiten, die dort wohnen, zugeordnet ist, bedeutet der Eintritt in sie auch den Kontakt mit den Kräften jener Götter.

Weiterführende Literatur und Kontaktadressen

Wer sich auf diese Weise mit den Runen beschäftigen möchte, kann sich über verschiedene Runengilden informieren, die sich als Hüter dieses Wissens verstehen. Wer sich für weitergehende Runenforschung interessiert, kann bei:

The Rune-Gild, P.O. Box 7622, AUSTIN, TX 78713, USA, Auskünfte einholen. Dies ist auch in deutscher Sprache möglich.

Als Grundlagenwerk könnte man EDRED THORSSONS Buch: *Handbuch der Runenmagie* bezeichnen, das 1987 im Urania Verlag, Sauerlach, erschienen ist. Außerdem vom selben Autor: *Runenkunde*, ein Handbuch der esoterischen Runenlehre, ebenfalls Urania Verlag, 1990.

Eine weitere Quelle könnte NIGEL PENNICKS Buch *Das Runenorakel* sein, das sich mit der Orakelseite der Runen intensiv befaßt. Erschienen 1990 bei Knaur.

Der schon erwähnte Klassiker der Runenliteratur, RALPH BLUMS *Runen*, erschien 1990 bei Hugendubel, München. Blum gibt regelmäßig den *The New Oracle & Rune Digest* heraus, den man bei: The Rune Works, P.O. Box 24084, Los Angeles, Ca. 90024, USA, bestellen kann. Der *»Rune Digest«* kostet zehn Dollar für ein Jahr.